あなたへの応援歌

人生・三度の生まれ変わり

長山弘
Hiroshi Nagayama

文芸社

はじめに　人生・三度の生まれ変わり

幸せを求めて、回天を生きる

人は皆、「幸せ」を求めて生きる。

それは、自分だけの幸せを求めるという個人的な幸せであれ、家族が、国家がという利他的な幸せに広がったとしても、人は皆、「幸せ」になるために生きる。

何故人は、「幸せ」を求めるのか。

それは、「本来人は幸せにできている」から、人本来の幸せを求めて生きているのだと思う。

私もまた「幸せ」を求めて生きてきた。

そして今、いつの間にか私の心の中に、一切の現実世界を超えた喜びのみの世界が、広がり続けている。

その世界は、限りなく豊かで明るい。

悲しみに沈む人を、じっと抱きしめて一緒に泣き尽くしたい思い。

そして、その悲しみから立ち上がった人を見ては、心の底から歓喜する思い。

苦難が押し寄せてくるたびに、自らの内に全てを解決する力ありと信じられる世界。

人生の全ての課題を、受け切って生き抜きたいという思いが、心の底から生じてくる。

そして、静かな自分の日々を大切に振り返りながら、自分というもの、人間というもの、そして真の人生を、深く、深く、感得したい思い。

そんな思いの中で、「人間には本当に、本当に幸せがあったのだ！」という感慨が、私の心に迫り、人生への情熱と化してゆく。

本当にいつの間に、私はこのような世界に出てきたのだろうか。

言葉では、言い表せないほどの苦しみの連続の中で、劣等感と淋しさと人から信じられない、人を信じられない悲しみの中で、一度は劇薬で自殺を図り、バイクで汽車に飛び込み、死ねなかった十代の頃。

多くの人を傷つけ、多くの人から疎《うと》まれ、肺結核で吐血し、三度目の死への誘惑に迫られながら、独りよがりの正義を主張していた二十代。

激しい生き方を貫いた三十代。

企業人として、経営者として生きた四十代、五十代。

一介のサラリーマンが、上場企業とそのグループのトップに登りつめていた。

若き頃は、誰一人からも愛されない陰気で勝ち気なだけの私が、今は歓喜の大地に立っている。

人間の素晴らしさを知らなかった若き頃の私。

善のみの世界を信じられなかった頃の心の葛藤の日々が、今、走馬灯の如く駆けめぐる。

そして、人生の全ての体験は、どんな苛酷なものに見えようが、人を苦しめるためにあるのではなく、全て教訓的なものであるという思いが、深く深く心に刻まれるに至った。

人間とは、人生とは、何と素晴らしいものであるか。

私の半生の体験を振り返り、人生というものを見つめる時、人はそれぞれの生き方を定める転機「回天の時」を持っているのではないか。

生まれて、学んで、迸《ほとばし》るエネルギーを生き、自我を育て上げた二十代までの「第一回天の時」。

その二十代までに得た思想、価値観、人格に、反省、学び、修正を加えながら生き方が定まってゆく三十代、四十代の「第二回天の時」。

五十代半ばに「第二回天の時」を終え、五十代後半で「第三回天の時」の模索を始める。

「第三回天の時」は、それまでの年輪を重ねた数多くの体験の根本的見直しを行い、真に価値ある人生を見つめ直し、自分の人格の完成に向かう光り輝く時代ではないだろうか。

素晴らしい人生を見つめて

平成十四年六月二十七日、三十六年間の会社生活の最後の日、私は株主総会出席への車の中で、脳梗塞で倒れた。

企業グループの事業不振の全責任を取って、上場会社の代表取締役副会長をはじめ数多くのグループ企業のトップを辞任する日であった。

それから一年半、筆舌に絶する苦難の始まりであった。

今まで経験したことのない精神的、肉体的苦しみが、私に容赦なく襲いかかり、五十七年間築き上げてきた私という人間の精神的土台を、根底から破壊していった。

全く動かなくなった左半身を見つめながら、苦しい辛いリハビリへ駆りたてたものとは何か。

今まで幾多の苦難を乗り越えてきた経験も、思想も、粉々に砕かれていった先に見つめた絶望感。

しかし、その精神と肉体の回復を求め続ける強烈な自分の存在と、新しい人生の光の源とは何か。

一年半を経て、人生最高の努力をさせられたことの凄さと有り難さ。

人間を、新しい価値へと導く、困難というものの本質。

企業人として最高位まで登りつめながら、なお大病という、急激な変化を受け切れない人間の弱さ。

人間の真のやさしさや愛というものの奥深さに、改めて人生を見つめ直そうとする力。

その中で、人生の豊かさと素晴らしさに生まれ変わらんとする人間の本質。

一年半を乗り越えてきた今、人間というもの、自分というものを見つめてきた。

私の半生を見つめ直した時、数多くの体験や転機を重ねてきている。

そして、脳梗塞と退職という私にとって、人生の大課題に出合った時、これからの人生の最後の大転換期を迎えたと思えてならない。

人それぞれに、多様な価値観や生き方をして、この世界は構成されている。

しかし、誰も間違いなく裸で生まれ、いつかは大いなるところへ戻ってゆく。

生と死の中で、許されただけの美しさと幸せを求めて生きている。

私は、この一年半、人生というものを、改めて見つめてゆく中で、人は大きな「三つの回天（転機）に生まれ変わる」と考えることができると思った。

それゆえに、本のサブタイトルを「人生・三度の生まれ変わり」としたのである。

人は、幸せを求めて、回天を生きる。

けれど幸せとは一過性のものではない。

一生を通じて、最後に幸せと感じない限り、真の幸せではない。

無論、幸せは形を超えたものであり、本人が決めることではあるが、その人なりの真の価値観が確立された時言い得る言葉であろう。

私は、自分の「第一回天の時」を幼少の時から、二十七歳までとした。

そして、「第二回天の時」は、企業を退職した五十七歳までとした。

最後に、脳梗塞で倒れた日から、これからの人生を「第三回天の時」と捉《とら》え、私の人生で、最も豊かで充実した時代を迎えようとしているのだと確信するに至った。

そのような捉え方をしながら、若き時の苦難に満ちた生き方、自分と闘いながら世の中に立とうとした時代と、大病をし、一年半のモラトリアム（人生の猶予期間）の時代を経て、新しい価値を作り上げてゆく過程を記してゆきたいと思う。

人生は、本当に素晴らしいものであり、人間とは、何と可能性に満ちているものであろうか。

私は、人として生まれてきたことの嬉しさと感動を、永遠に抱き続けるであろう。

この書が「あなたへの応援歌」になれることを願いつつ……。

著者識

平成十六年三月二日

目次

はじめに　人生・三度の生まれ変わり
幸せを求めて、回天を生きる……4
素晴らしい人生を見つめて……7

第一章　「第一回天の時・わが心の旅路」
―青年の苦悩と人生―
第一節　私の歩んで来た道……16
第二節　真実の愛への芽ばえ……29
第三節　人間誕生の深淵に触れて……46
第四節　「第一回天の時」を生きて、「心の転換」が始まる……59

第二章　「第二回天の時」への胎動
第一節　結婚—真の幸せへの旅立ち……66
第二節　結婚についての夫婦の追憶（対談）……75
第三節　真実の愛について……89
第三章　「第二回天の時」を生きて
第一節　経営者としての責任の取り方とは……96
第二節　歴史に学んだ責任の取り方と行動……100
第三節　企業人としての行動の軌跡……105
第四節　経営トップへの道と経営者としての責任……121
第四章　「第三回天の時」への渦巻き
第一節　病に倒れて……126
第二節　妻と歩いた人間復権への道（対談）
—妻と共にこのリハビリの一年半を振り返って—……148

第三節　病に倒れて、学び得たもの……170

第五章　生きるために、学び続けてきたもの
第一節　人間は、何故幸せを求めるのか……188
第二節　人間の弱さの原因―劣等感の克服について……191
第三節　人生体験からの教訓……195
第四節　人間の行動力の源となる生き方とは……202

終　章　人格の完成に向けて
「第三回天の時」を迎えて……222
参考文献……226

第一章

「第一回天の時・わが心の旅路」

―青年の苦悩と人生―

第一節　私の歩んで来た道

歓迎されない私の誕生

私は、昭和二十年三月にこの世に生をうけた。

私の実父は、近衛兵であったという。しかしその実父が出兵する頃、夫を亡くし、五人の子供を抱えて、路頭に迷わんとする私の実母の相談相手になった。昭和十八年、実父は出兵し、南方で昭和十九年五月その生涯を閉じた。

実父には、故郷に妻子もあり、五人の子供を持つ実母は、私の出生に喜びよりも困惑と悲しみを覚えたのかもしれない。

私は長山家に、もらわれた。

時代が時代であった。実際は昭和十九年四月誕生であったそうであるが、昭和二十年三月養子ではなく、実子として戸籍に登録された。

養父（ここから父と称したい）の実家は、福島県四倉であり、私は養母（母と称す）と共に九州から移り住んだ。

父は、非常に器用な人で、もともと大工であったが、小さい鉄工所を経営していた。

その頃のことは、あまり覚えていないが、四倉の港の右手に広がる波の荒い長い浜辺と松林。

近くには神社があり、岩場の上にも、神社が祭られていた。

遊んだ狭い路地、漁船が帰る頃バケツ一杯もらった魚、荒れ狂う沿道の高波。

断片的な情景が、今も目に浮かぶ。

父が岩場で、素潜りで取ってくるアワビやサザエ。

どれほど父を尊敬したであろうか。私は、岩場から、素潜りの父を見つめ続けていた。

私の四〜五歳の頃、母が九州へ帰ってしまったことは、何故か、はっきりと覚えている。

「帰るな！」父の怒鳴り声。

「今帰らないと一生後悔するから」

母の強い言葉。

「帰るなら、別れて帰れ！」

「別れても、帰ります！」

「弘は、置いてゆくのか？」

「連れていきます！」

「ダメだ！　弘は、渡さない！」

父と母の喧嘩が、どれほど続いたのか定かではないが、母のたった一人の姉が病気に倒れ、看病のために帰ると聞いた。けれど、今考えると、その他の理由があったのかもしれない。

私は、姉（姉も養女であった）と共に震えていたが、ある日母と姉の姿はなかった。

その後、足の悪い女性が、新しい母として、家に入ってきた。

私は、どうして新しい母なのかわからず、毎日母を慕って泣いていた。

ある日、朝早く、父が私をゆり起こした。

「弘、母ちゃんのところへ行くから起きよ！」

眠けまなこで、父についていった。

しばらくすると、父の姉である叔母とその娘のお姉ちゃんが、待っていた。

「弘、元気にな。母ちゃんに会えるぞ！」

そう言って、握り飯の弁当を、父に渡した。お姉ちゃんは、何も言わず、大きな目から涙を流して、私を見つめているだけだった。

〈母と会える！〉そのことだけで、私は、嬉しい思いに、包まれていた。
何日位かかって、福島から九州の佐賀まで行ったのかわからない。
途中で、どこかで泊まった。
九州の佐賀は、粉雪が舞っていた。
私は、必死に母の姿を探した。黒っぽい服を着て、マフラーをした母が待っていた。
私は、母めがけて走った。
母は、息ができないほど抱きしめて、背中を何度も何度もさすりながら、
「弘！　弘！」
私の名前だけ、呼び続けていた。
母の腕の中は、暖かかった。
私に頬ずりしながら、母は、ただ泣いていた。私の頬に、母の涙が流れた。
私も泣いていただろうに、私は母の涙の感触しか心に残っていない。
私の五歳の頃の思い出である。

私の目の前での母の自殺―暗い少年の日々

父と母は、美しい小川のほとりに、小さい家を借りて、母はうどん屋を、父は石炭の小売りを始めた。小川のほとりには、柳の木が植えられ、澄み切った川の中に、小魚の大群が泳いでいた。

母は、やさしいが厳しい人だった。

私が病気になった時、小さい仏壇の前で、祈り続けている姿を覚えている。

「嘘だけはついてはダメよ！」

その言葉だけが、今も耳に残る。

母は、薄幸の女性であった。

貧しさゆえに、水商売の店で働かされ、子供の産めない身体に手術されていた。

父と母が、どこで知り合ったかも聞くことができないまま永別したが、母は初めての幸せを手に入れたのではなかったか。

必死に働いて、小さい小さい幸せを、守っていたのだと思う。

大変やんちゃだった私の小学一年生。

何度か母は、私のために学校に呼び出されていたが、そのことで私を叱ったことはなかった。

私が小学校二年の冬のことであった。

父と母の争う声が、聞こえた。

私は二階で眠っていたのだが、驚いて一階に降りていった。

私の目の前で、父が母に暴力を振るっていた。母の白いエプロンが、破り裂かれていく。

初めて見る父と母の姿であった。

「イヤだー　母ちゃん！」

と言って、母に抱きついた。

「弘の前で、あんたは！」

母が、絶叫した。父は、黙って家を出ていった。父はその頃、時々家に帰っていなかった。

「大丈夫よ。今うどん作ってあげるから、一緒に食べようね」

母は、流れる涙をぬぐいながら、うどんを作っていた。

私は、その後ろ姿を見つめながら、言い知れぬ淋しさと悲しさに包まれていた。

その翌日のことであった。

「弘ね。山田のお姉ちゃんと『孫悟空』の映画見ておいで。お店休みにするから」

その頃、私は、『孫悟空』の映画が見たくて見たくて、何度も母にねだっていたが、忙しいということで、連れていってもらえなかった。

お店を休むから、働いているお姉ちゃんと映画へ行けと言う。

私は何故か〈行きたくない！〉と思った。今でも何故そのような気持ちになったかわからない。

〈母と一緒にいたい〉、〈離れたくない〉と思った。

虫の知らせであろうか。私は、あれほど見たいと思っていた映画を、見たくないと思った。

「母ちゃんと一緒にいる」

「母ちゃんね、頭が痛いから、横になりたいの」

「じゃ、俺も一緒に寝る」

「じゃあね、漫画借りておいで！」

「ウン、『イガグリ君』借りてくるね」

その頃は、漫画などは、貸本屋があって、一日いくらで貸してくれていた。

私は、当時人気のあった『柔道少年イガグリ君』を借りてきた。

母は、布団を敷いて、横になっていた。

「母ちゃん、書き物するから、後ろ向きで本読んでね」

母は、私の足をずっと摩り続けながら、足元で何かを一生懸命書いていた。私は漫画を読みつつ、いつしか眠り込んでいた。どれ位の時間がたったのだろうか。

「お前、どうしたんだ！」と言う、父の大きな声で、目が覚めた。

母は、全身をグッタリさせたまま、立っている父の腕の中にいた。

私は、何が起きたのかわからなかった。その後のことは、記憶がない。

母は、遺書を残して服毒自殺したのであった。

「弘、起きよ！　母ちゃんのところへ行くぞ！」

父に起こされたとき、以前同じことがあったような気がした。

父は、私を乗せて、三輪トラックを運転していた。どれ位走ったのか、わからない。

真っ暗な夜道を走る。父は、何も言わない。私も黙っていた。

病院のような建物の前に着いた。

薄暗い病院の中の初めて見るベッドに、母は、白い布を顔に被せられていて、実際は母ということもわからなかった。

「母ちゃんだ。弘、母ちゃんだ！」

と父は、声を詰まらせながら、静かに私の背中を押した。

「母ちゃん！」

私が、母のもとに縋《すが》ろうとした時、

「弘、泣くな！　男は泣いたらいかん！」

父は、母の前に行こうとする私を、後ろから抱きすくめて、搾《しぼ》りだすような声で呟いた。

私は、「男は泣いたらいかん」と言う、父の声に歯をくいしばったが、私の頭の上にはその父の涙が、ボタボタと音をたてて流れ落ちていた。

その後、何軒かの親戚、おじさんやおばさんの家に、転々と預けられた。理由はわからない。

父は、私を預けたまま、帰ることはなかった。

どこへ行っても、どんなにやさしくされても、独りぼっちの思いの中で、私は母を求め続けた。

死というものを、どう捉えていいかわからないまま、ただ毎日、母を求めて泣き叫び、いつの間にか、私の少年期は、暗い日々になっていった。

ひざを抱え、泣きじゃくり、母を呼び続ける私は、どの家庭でも愛されない少年に育っていった。

父が、迎えにきた。新しい母と妹ができると言う。

母の死が、この新しい結婚ゆえであることは、後年知ることとなった。

母にも妹にも馴染めない、暗い淋しい日々であった。

再び思い出深い福島へ

私が小学校三年の冬、三度《みたび》、父に早朝起こされることになった。

福島へ帰ると言う。私は嬉しかった！

父が自分の元に戻ってくれたと思った。あの母と暮らした懐かしい海辺の浜へ戻れると思った。

しかし、途中で、見知らぬ女性と一緒になったのである。

着いたところは、福島県小名浜という、私の知らないところであった。

そこで、見知らぬご夫婦と五人の奇妙な生活が、始まった。

新しいその女性を、何と呼んでいいのかわからなかった。

「お姉ちゃん」と呼んだら、返事をしてくれたので、その後はお姉ちゃんで通した。

新しい家は農家の一室で、馬が飼われていた。山深いところにその家はあった。

大人が働きに出かけると、独りぼっちになった。

お昼の食事は、サツマイモ二個が置いてあった。

私は、することもなく過ごすうちに、足は自然と学校へ向かった。

運動場の片隅で、ボンヤリと、小学校の生徒たちが遊ぶのを見ていた。

昼休み、たくさんの子供たちが、砂場に集まった。

何日目かに、恐る恐る砂場に近づいていった。

「アンタ誰？」

「長山」

「どうして教室来ないの？」

「どうしても」

「フウーン。一緒に遊ぼう！」

いつしか何人かと遊ぶようになった。

しかし、昼休みが終わると、皆教室へ戻っていく。

私は一人、鉄棒にぶら下がり、砂遊びしながら、目は教室を見つめていた。

何日目かわからない。先生が私の方へ歩いてきた。

私は、必死に逃げた。子供心に、逃げるしかないと思った。

でも、翌日また私の足は、学校へ向かうのであった。何度かの繰り返しの中で、先生が満面の笑顔を浮かべて、私を手招きしているのである。

やさしいやさしい笑顔であった。私は身を硬直させながら、先生の近づくのを待った。

「どうしたの？　お家は？　どこから来たの？」次々と飛ぶ質問に私は何も答えなかった。

でも、私を責めていないことを知った。

「学校で勉強したいの？」

私は頷いた。

「お父さんは？　お母さんは？」

何も答えない。

「わかった！　何も聞かないから、明日から学校へ来ていいよ」

今考えると、昔は何と融通がきく時代であっただろうか。

鉛筆一本持たず、私は通学することになった。

しかも、授業を受け、最初のテストでクラス一番になってしまった。

しかもズーズー弁でなかったことで、放送部員に抜擢され、その第一回の放送で皆に胴上げされたのである。

遠足も、担当の先生が弁当を持ってきて下さり、束の間の楽しい日々を送った。

青い海、美しい波が岩を砕き、その上で遊んだ日々を、今は、映画を見ているような思いで思い出している。

何カ月か経った頃、先生が私に聞いた。

「前の学校は何という学校？」

「佐賀市立巨勢小学校だよ」

父が、校長室で待っていた。

「弘！　手続きがないまま学校へ来ることは、先生方にご迷惑になる。今までのことはお礼を言いなさい。これからのことは、九州へ戻って考えるから」

多くの級友から、手紙や贈り物をもらった。

先生は、涙を浮かべながら言われた。

「長山君、元気でね。君は優秀だから、しっかりと勉強して、大きくなったら、きっと小名浜に帰ってきてね！」

後年、私は一人で何度か小名浜に行った。

会うこともできない先生や級友の面影を追いながら、小さくなりすぎた鉄棒に手を掛けて、過ぎ去りし幼き頃を思い出していた。

切ないような胸の痛みが、私を襲った。

先生に、友人に会いたい！　と思った。

けれど、三十年も過ぎてしまった過去は、戻ってこなかった。

第二節　真実の愛への芽ばえ

辛い少年期の光と影

養母（以後母と称す）が、佐賀駅で待っていた。母が待つという同じような体験を、再び味わった。

母は、私の頭を軽くひっぱたきながら、

「早うアンタが先生に言えば、もっと早く帰れたのに！」

私は黙っていた。私の心には、小名浜の先生や級友の笑顔だけが、浮かんだ。

また、新しい生活が、始まった。

萱葺《かやぶ》き屋根の六畳一間と一畳くらいの板の間だけの家に住むこととなった。

貧しかったからかもしれない。母は、私に厳しい生き方を求めた。容赦のない仕打ちであった。

私は、朝四時から新聞配り、帰ってから朝食の準備、掃除をして学校へ通った。

毎日のように、いろいろな理由をつけられ、竹や火箸で殴られた。

学校が終わると、駆け足で帰って、畑作業から洗濯までやり終え、夕刊配りに出かけた。

ゴム下駄しかない私の足も手も、毎年冬になると霜焼けとあかぎれで、血が滴り落ちた。

些細なことで怒られ、怒られるといつもご飯を食べさせてもらえない。

母の目と合っただけで「因縁をつけた」と言って殴られる私は、いつしか母の動作と雰囲気で、次に何をすべきかを考える自分になっていった。

ご飯は、いつも子供用の小さい茶碗に二杯だけ。何もしてくれない母が、その時だけはついでくれた。それは軽くつぐためであった。

そしていつもこう言われた。

「人間は、腹六分位が一番身体にいい。お前のためを思うから、食べさせないのだ」と。

私は〈身体などはどうでもいいから、お腹一杯食べたい！〉と思った。

そこには、食べるためにのみ生きている、惨めな私の姿があった。

その頃、隣に子供たちから「鬼ババ」と怖がられていた小母さんがいた。

その小母さんが、母の留守中に時々私を小声で呼んで、手招きをするのであった。

最初は、怖くて怖くて立ちすくんでいた。

私は大人が怖かった。恐怖の毎日は、極端な人間恐怖を作り上げていた。

恐る恐る家に入ると、ピシャリと戸を閉めて、手を強く握り、家の奥に引きずり込むのであった。

「さあ、早く食べなさい！」

と言って、大きな握り飯を私の手をとって、手渡してくれた。

茫然としながら、お握りを手にした。せかされるまま口に運んだ。

私は、涙をポロポロ流しながら、食べたものである。嬉しさと美味しさで……。

今に至るまで、私は、自分の人生であれほど美味しいものに出合ったことはない。

そして、お握りの大きさは、頭のように大きかったという感触しか残っていない。

今でも、そのことを思い出すたびに胸が詰まり、息苦しいほどの感謝の思いで一杯になる。

その時〈人間はどんなに言葉を飾っても駄目だ。愛には実践が大切なのだ！〉ということを知った。

小学校五年の頃から、母は「お前は汚い人間だ」と言い始めた。

私を掃除以外では、一歩も畳の上に座らせることもなく、一畳の板の間で一人食事をさせ寝させられていた。

煎餅布団に机代わりのりんご箱、冬は冷たい風が身に沁みた。

時々、母は紙をヒラヒラさせながら、「ここにお前の汚いことが書いてある」と言うのであった。

今考えると、戸籍抄本か何かであったのであろう。

学校の宿題をしようとすると、電気が消される。電気代がもったいないというのである。

朝、仕事を終えて登校すると、いつも遅刻で廊下に立たされた。

思春期を迎えんとする私は、恥ずかしいという思いが充満していた。

宿題忘れで二度も立たされたくない私は、授業を受けながら、同時に宿題になる問題を解いていた。

学校の成績は、いつもトップであった。

授業を受けながら、宿題をするという体験で、いつしか集中力と処理能力が付いていたのだと思う。

新聞配りの中で、雨の日に濡れそうな家の新聞をあらかじめ、古新聞に包んで配っていた。

ある日、その家の戸が突然開いた。

びっくりして逃げようとすると、「ああ君、君逃げないで！　お礼を言いたくてね。いつも濡れないようにしてくれてありがとう。これお礼だよ。これからもよろしく！」と言われて五百円をくれた。

私の一カ月分の新聞配達料は四百円であったし、配達料は全て母に渡していた。

胸の高鳴りを、抑えることができなかった。

後年仕事のありかたを覚えるキッカケとなったのである。

新聞配りで一番恐いのは、野良犬の群れと、配達先の激しい犬の襲撃であった。

私は今でも犬が怖い。

何度か空腹に耐えかねて、畑になっているキュウリやナスなどを盗んで、川で洗って食べた。

悪いことをしてはいけないということよりも、生きることの悲しみと、見つかって叱られた恐怖を何度も体験した。

ある夜中のことである。

父と母の話し声が聞こえた。

「子供もできたし、弘はもとの家に帰したらどうなの？」

「そんなことできない！」と父の声。

毎晩、そのような会話がされるようになった。

私が汚い人間だというのは、産みの母が別に生きているということであった。

じゃあ死んだ母は！　父は！

聞くこともできない自分の出生を恨み、本当に独りぼっちを感じた。

夜の月を何度仰いだことだろうか。

母を何度も心で叫んだ。

しかし、返事のない、深い夜の静かな淋しさだけが、私を包んでいるのであった。

孤独に耐えて―自殺未遂へ導いたものとは―

父のいないある雪の降る日、叱られた私は素足のままで外に追い出された。

空腹と寒さの極限の中で、私は自分を暖めてくれる何かを求めた。

私は鶏小屋に入り、蠢《うご》めく鶏を自分の腕に抱きしめて、独りぼっちの世界で孤独に耐えていた。

胸がしめつけられる息苦しさと、錐《きり》で抉《えぐ》られるような痛みに、私は本当に悲しい時には、涙が出ないことを知った。

それでもじっとしていると、その悲しみの奥に私を愛してくれた亡き母や、やさしくしてくれた叔母のことが思い出され、

〈誰からでもいいから愛されたい！　そして、愛する人が欲しい！〉と思った。

後年、オスカーワイルドの〈悲しみの奥に聖地がある〉という言葉に触れた時、その時の記憶が蘇《よみがえ》り、〈そうだ！　この世は愛一元の世界なんだ！〉という歓喜が、強烈に私の胸に言葉として入ってきたのだった。

どんな世界にいても、「本当の悲しみの奥にすら、人は永遠に変わらぬ愛を求めている」のだと思ったのである。

中学一年の時、母が言った。

「百円札が一枚なくなった。お前知らないか?」

「知らないよ」私は本当に知らなかった。

「カバンの中にあるかもしれないじゃないか!」

「ないと思うよ。調べたら」

カバンの中にはなかった。

「習字の筒の中にあるかもしれない!」

「じゃ調べて!」

私は、自分で筒を逆さにした。

すると身に覚えのない百円札が、八つに折られてすべり落ちてきた。

私は、トッサに手の平に握りしめた。

「何だ。それは!」

母は、私の手を絞り上げ、百円札を取り上げた。

知らないと繰り返す私に、母の容赦のない拳が飛んできた。母は何度も言った。

「本当に知らないなら隠すはずはない！」と。

私は〈そんなの嘘だ！〉と心の中で絶叫していた。

恐怖を強いられた人間は、その恐怖からトッサに身を守る行動にかられる。

「ご飯を食べさせてもらえない」という思いが、私にそのような行動をとらせていたのである。

私は絶望の中で、母の拳を受け続けていた。

その夜、父に告げられ、なくなったものが、数多くあると告げられた。

私は、布団を被っていた。

「弘、起きよ！　コノ馬鹿者！」

私に手を出したことのない父から、殴られ、蹴られ、首を絞められた。

私は、涙も見せず、何も言わず、耐えていた。

その日から「盗っ人ヤロー」と呼ばれるようになった。

私は、父にも見放された。父は、父だけはわかってくれると信じていた。

その父が、やさしい父が一変してしまった。

「嘘だけはつくな！」という亡き母の声が、何度も聞こえた。

家に猫いらずという劇薬があった。昔は、鼠退治のために全家庭に配られていた。

母は、その猫いらずを飲んで自殺した。

私も、〈死のう〉と思った。

探すと、古い猫いらずの丸薬が八個あった。

一個だけ残して、全て飲んだ。何で死んだのか、父に残そうと思ったのである。

飲む前に「盗っ人ヤロー」をやると決めた。

米ビツから米を袋に入れ、床下に隠した。

食べるためではなかった。ただ、盗っ人をやるために……。

私は、家の外の庭で死を待った。

両足を両手でかかえ、「死というもの」と対面しようとした。

〈母のように死ぬ！〉

どんな苦しみが来るのかわからないけれど、母と同じ死を選んだという、不思議な安らぎを覚えていた。しかし、待てど暮らせど、何の痛みも来ない。

今でも不思議に思う。あの薬は何だったのだろうか？

けれど、死ぬという思いに、変わることはなかった。
猫いらずで死ねないのなら、汽車に飛び込もうと思った。
佐賀駅からほど近い、小高い陸橋の上に立った。その下を、汽車が走ってゆく。
汽車が来た！　音と蒸気機関車の煙が見えた。
駅からその橋までレールはカーブを描いている。
陸橋から見る景色は、大きな木々と草に隠れて駅は見えない。
煙と音のみが、次第に、大きく迫ってきた。
怖くはなかった。あの汽車に飛び込むのだ！　と思った。
その時であった。父の顔が、浮かんだ。
その父が、私がいくつの時であったか。
石炭を掘り出す炭坑に、私を連れていってくれた状況を思い出した。
そこに集まっていた人たちの前で、父が言った言葉を思い出した。
「息子か。いい子だな」
と誰かが言った。
「この息子は、俺の宝物よ！　宝息子よ！」

父は私を担ぎ上げた。父の逞しい腕が、どれほど強く大きく感じたことか。

〈父に、父に会いたい!〉と思った。

父に、もう一度会って、死のうと思った。

いつしか〈父ちゃん! 父ちゃん!〉と声を殺して叫んでいた。

涙が枯れる頃、私は、父の元に帰れないと思った。

独りぽっちの自分に、帰るところはないと思った。

家出と真実の愛との出会い

幼い頃、父の姉、私の叔母が大牟田の船津にいるということを聞いていた。

私が五歳の時、福島から見送ってくれた叔母である。

亡き母と非常に仲がよく、母の自殺で、父と姉弟の縁を切ってしまわれていたのであった。

その大牟田市・船津・金子だけで捜せるとも、何も考えず、佐賀駅に向かった。

昨日から何も食べていない。一円のお金も持っていない。

私は、駅員の目を盗んで、汽車に乗った。

車掌の検問を逃れるため、汽車の中のトイレで、大牟田駅まで隠れた。

しかし、到着した大牟田駅で、どうやって出札するか、怖かった。

思い切って大きな大人の陰に隠れて、さもその人の子供のような振りをして、見事に改札口を出た。

外は、もうすっかり、日が暮れていた。船津といっても、どこなのかわからない。

ちょうど駅の前に、警察署があった。私は、意を決して、警察署へ入った。

「船津はどっちですか？　バス停教えて下さい」

「坊や、どうしたの？　家出じゃないのか！」

「買いものに来て、叔母ちゃんとはぐれたの」

「船津は遠いぞ。バス停はね」

バス停を教えられ、船津の方向のみを頼りに、船津へ向かって、歩き出した。

ひとつ、ひとつの、バス停を確認し歩いた。

やっと、船津に着いた時、あたりは灯影もない真っ暗であった。

船津に行けば、叔母ちゃんに会える！　やはり子供は子供であった。

表札を探したが、表札がない家が多く、あっても暗闇で見えないところが多かった。

いつしか、私は心細さと悲しさで、泣きながら歩いていた。

歩みを止めることもできない。空腹感もなかった。ただ自分が、自分の人生が惨めだった。

向こうから、酔っ払いの小父さんが二人、歌を歌いながら上機嫌で歩いてきた。

私は、もう泣き止むすべを知らなかった。

「坊や、どうしたのか?」と声を掛けてくれた。

「叔母ちゃんの家がわからない」

「何! 何という家だ」

「金子」

「金子さん。知ってる! 知ってる! 心配するな! 連れていってやるから」

歌を歌いながら、私の肩を抱いて歩いていくのであった。

ある家の前に来た。戸をドンドン叩きながら、

「お宅の甥っ子、連れてきたぞ!」

「うちじゃないね。知らないよ。そんな子」

違っていた。私の力が抜けた。

泣きじゃくる私に、その男性二人は、

「もう一軒知っとる。すぐ近くじゃ。坊や心配するな！　わからんかったらうちに泊まれ！　元気出してゆきましょう！」

上機嫌の二人は、また私を抱きしめながら、歩き始めた。

近くと聞いたが、行けども行けども着かなかった。

二人は上機嫌というより、泥酔状態であった。

一軒の小さい家の前に立った。私は二人の後に身を潜めた。

「ここじゃ。ここ！　金子さん！　お宅の甥っ子連れてきたぞ！」奥で声が聞こえた。

「どなたですか？」

私には、五歳の時から会ってない叔母の声がわかった。

あのやさしいシャガレた声の叔母に間違いない。こみ上げる思いと胸のつまりを感じながら、

「叔母ちゃん、おれ、弘！」慌ただしく戸を開ける音。

「弘か、弘か！」と叫んでいた。

私は、叔母ちゃんの胸へ飛び込んだ。

叔母は、私をしっかり抱きしめた。

「弘、もう離さねえ！　もう離さねえ！」

叔父ちゃんは、布団の中に身を起こし、

「食うもの作ってやれ。早う！」

着た切り雀の服は汚れていただろう。

叔父ちゃんは、タンスから自分のラクダのシャツを出してくれた。

その大きすぎるシャツと、火をおこした小さなイロリの暖かみを私は一生忘れることはできない。

土製のカマドで、おじやを作る叔母の姿。

ガツガツと食べる私を、涙を拭きながら見つめていた叔父と叔母。

鮮明なイロリの灯り。小さい一間だけの家。

土間と部屋がひと続きで、その部屋に小さいイロリ。

寝る時はそのイロリの火を消して眠っていたのだろうか。

土間の隅に、土製のカマドがあって、昔のお釜と鍋がかかっていた。

家中が薄暗く、家の中は、煤で真っ黒であった。

叔父は、失業対策事業の人夫で、朝は早かった。

叔母は、リヤカーで、金属の廃品の仕事をしていた。

私は翌日から、叔母の仕事を手伝った。今日はいくら稼いだと小銭を数えていた叔母の姿。

やさしい叔父と叔母の元で、久しぶりの安らぎと幸せの生活であった。

学校のことなど、考えもしなかった。

何日か過ぎた頃、私は案内してくれた酔った小父さん二人のことを叔母に聞いた。

「叔母ちゃん、あの夜の小父さん二人、どこの人だったの？」

「知らねえ。あの日お礼を言って、名前と住所聞いたんだけど、いいよいいよって教えてくれなかった。見つかってよかったなぁと言って帰ってった」

「ああ、そうなの」私は、黙って下を向いた。

子供心ながら、とても有り難いと思った。

もし、あのお二人に会えなかったら、私はどうしていたのだろう。

死ぬことも恐くなかった。お腹も空いているのを通り越していた。

あたりかまわず泣いていた。私一人では到底捜せるほどの距離でも場所でもなかった。

何を得するわけではない！

「坊や心配するな。わからなけりゃ俺んちに泊まれ！」そんなひとことがどんなに心強かったか。

私もいつか人のために何かをやれる人間になりたい、なろうと思うようになった。

私にとって、少年期の、大きな、大きな、出来事であった。

第三節　人間誕生の深淵《しんえん》に触れて

実母の元へ帰る！

二カ月も過ぎた頃、叔母と二人リヤカーを引いて帰ってくると、父が家の前に立っていた。

叔母は、父を見るなり胸ぐらをつかんで、父を家の中に入れた。

叔母は、父を殴り続けていた。私の名前が、何度も聞こえた。

どれ位の時間が過ぎたのだろうか。

叔母が私を呼んだ。

亡き母が、遺書の中に二十四回の「弘」という文字が書かれていたこと。

「もう弘を離すまいと思ったが、学校のことや、お前の将来のことを考えるとそうもいかない」

「あとは父ちゃんに話を聞いて！」と言うなり、叔母は泣きながら家へ入っていった。

父は、オートバイで来ていた。私を乗せて暫く走ると、大きな川のほとりで、バイクを止めた。

すごく捜したこと。小さい時から会っていないから、まさか大牟田の叔母ちゃんのところなど考えもしなかったこと。

暫く前に、一回大牟田に来て、お前のことを確かめたこと。

今から先生の家に行き、一〜二週間先生のところから学校へ通うこと。

そんな話をしたあと、父は急に黙りこんだ。次の父の言葉を待った。

父は、搾り出すような声で言った。父は、泣いていた。

「弘！　お前には、本当のお母さんが生きている。父ちゃんも、死んだ母ちゃんも本当の父ちゃんや母ちゃんじゃない。お前には、本当の姉ちゃんも五人もいる。悩んだけれど、そこへ行けば、学校も大学も行けるかもしれん。お前を手放すことは、この右腕を取られるよりも辛い。甲斐性のない父ちゃんを許してくれ！

お前が大牟田にいることを確認して、博多に行ってきた。迎えに来てくれると思う」

「甲斐性のない父ちゃんを許してくれ」という言葉が今も耳に残っている。

今まで、聞いたことも、使ったこともない、言葉であった。

私は家に帰ることもなく、担任の先生の家へ行った。ご夫妻とも、学校の先生であった。

すぐ、学校で期末テストがあったが、クラスで二番であった。

授業も受けていないのに、そのことをえらく先生ご夫妻が喜ばれたことを思い出す。

と同時に、その先生宅から学校へ通うことになった私は、先生方が揃えて下さった文房具では不足であった。しかし、誰にも言えなかった。

ある日、私は文房具屋で文房具を盗んだ。そのことが発覚してしまった。

私は正直に名前を告げた。大変なことになってしまったと思ったが、学校に通報された。

学校では、何故か何事もなかった。

先生が、私を庇ってくれたのであった。

私は先生の家へ帰った。先生は何も言わない。やさしいばかりであった。

私は一日二日と日がたつにつれ、苦しくなってきた。いつ叱られるかと思っていた。

ある日思い切って、

「先生！」

「何だ？」

「あのう」

「何かあったか？」

沈黙が続いた。胸が「ドキドキ」した。

「先生、俺文房具……盗みました！」

その瞬間、先生は私を抱きしめながら、

「それだ。その正直を忘れるな！　それが勇気だ！　先生嬉しいぞ。二度とするな！　終わったことはもういい！」

私の中学一年は終わろうとしていた。

真新しい学生服、シャツ、靴が届いた。産みの母からのプレゼントだと言う。

再び自殺未遂―悪へ導いた心の軌跡―

私は、家に戻った。何も言わず、実の母の来訪を待った。母も妹も、何も言わない。

「こんにちは！」

初めて、実母の顔を「ちらっと」見た。

〈似ている。俺に似ている〉と思った。

私は、促されて、母の元に座った。

「ごめんね。苦労かけて！」

母は、泣き声で謝り続けていた。

汽車に乗って博多へ向かった。父は駅のホームで私を見つめ続けていた。

汽車が動き始め、千切れるほど手を振り続ける父の姿に、何故か一つの幕が降りるような錯覚を感じていた。

何か新しく始まるのだ。

「過去も父も、もう帰ってこないのだ」とそんなことを思っている冷静な自分に驚いていた。

新しい生活が、始まった。小料理屋が、母の仕事であった。

五人の姉のうち四人仕事に就いており、一人の姉は高校生であった。

新しい家に入った途端であった。

「イヤだー、弟なんかいらない！　弟なんかいない！」

母にかみつく高校生の姉がいた。泣き叫びながら、母に訴える姉の声を玄関で聞いていた。

〈またか！〉

〈ここでも、また始まるのか！〉

家に上がることも、座ることもできず、私の心は寒々と絶望感にとらわれていった。

多感な時代に、急に貧相な弟が突然現れたら、誰だって拒絶反応が出てくるであろう。

しかし、私は、私の住む世界がないという悲しみに包まれていった。

母が私を呼んで言った。そしてこの言葉は私に、母への、大人への、不信感を募らせていった。

「弘、お前は義理だから、慎んでいること。我慢して生きなさい！」と。

〈何を俺が悪いことをしたんだ。勝手に産んでおいて！　俺は何で我慢しなきゃいけないんだ！〉

私は、悪へ一直線に進んで行った。言うことを聞かない私に母の怒りは倍化した。

しかし、私は反抗に反抗を重ねていった。言うことを聞かない。

ある日、母は怒りに満ちて言った。

「私の人生で、お前を産んだことが最大の悔いと汚点だ」と。

母は寒い川の中で、自分のお腹を叩きながら、流産を願ったことを言った。

「お前を産みたくなかった！　恨むなら、私を恨め！」

母自身が姉や私に対し、私を産んだことへの、悲しいまでの自分を責める心がわからなかった。

厳しさの中に潜む、母の切ないまでの愛情がわかるには、私には長い時間を要した。

私は、友人のバイクを借りた。

悲しさと自分の出生を恨みながら、フルスピードで、貨車に飛び込んで行った。

ものすごい衝撃の中で、私は宙に舞った。

血だらけで死ぬはずなのに、私の体は、線路近くにある堀の中に飛ばされていた。

カスリ傷と若干の首の痛さは感じたが、私はスッポリと堀から首を出していた。

粉々になったオートバイ、急停車する貨車。私は別世界を見ているようであった。

助け出されながら、大人の声を聞いていた。

「奇跡だ！　よかった！　よかった！」

私はまたも、母の強烈な怒りに出会った。しかし、何故か、このことを母は姉たちに告げなかった。

人は、どうして死ねないのだろうか。

私は、死ぬことのできない人間の不思議な生命を感じていた。しかし「死ぬつもりだった」とは誰にも告げることはなかった。

私は、悲しみの吐け口を、不良というレッテルの中で生きていた。夜、家を抜け出しては、友人と遊んでいた。

しかし、この世界を否定しながら〈人のために生きたい〉、という願いは、矛盾の中に存在していた。

中学三年生の時、受験に悩む仲間のために代理受験をして、一番で受かってかえってバレてしまったこと。

弱い人間が虐められると体を張って仕返しをしたこと。

不良グループに一人で立ち向かって、完全に叩きのめされながら、目が潰れ、顔中血だらけでも決して怯まず向かっていったこと。

そして高校時代は、裏の番長とまで言われるほど、激しい喧嘩に明け暮れていた。

しかし、不良グループには入らない。一匹狼の不良であった。

友人は真面目な人間が多く、高校の時は、文芸部、英語研究部などに所属していた。

半面、思想は、先輩の影響もあり若者特有の権力というものへの反抗から、左傾化の道を歩んでいった。

学生運動の挫折と行動

大学へ行く気は、全くなかった。高校を卒業して、就職して、家を出たいと思った。

高校三年の頃は、先輩たちの左翼思想勉強会や、学生運動に顔を出し、自分のエネルギーの吐け口を探していた。

家にも全く帰らず、友人の家を泊まり歩いていた。

高校三年の秋のことであった。

勉強もしないでいる私に、母が言った。

「大学に行かなくていいの？　行くなら少し勉強しなけりゃダメじゃないの！」

「大学行っていいの？」

「いいも悪いも、受からなきゃ行けないでしょう」

「わかった」

母から大学のことを聞かれると思ってもいなかった。

大学のこと、もしかしたら心の中で行きたいと思っていたのかもしれない。

私は勉強を始めた。やると決めたら徹底していた。二十四時間布団の中で勉強を始め、風呂に入る以外は食事も自分の布団の中でした。

勝手に、東京の大学と決めていた。家から出て行きたかったのである。

母は、九州大学と考えていたようであったが、私は早稲田と慶応と中央大学を受験した。全て合格したが、入学金を最初に払う中央大学法学部に、入学することにした。

その後、家族会議で、早稲田と慶応のどちらかに入るべしなどと言われて、びっくりしたのを憶えている。

その中央大学入学直後、学生運動の挫折を覚え、その反動としてのめり込んだ宗教・哲学の世界への探索も、浅すぎた故に結局は一切のものを信じられなくなった。

〈頼るものは自分しかいない〉という結論は、人生をただ勝つことのみに価値を持つ人間にしていった。

大きな挫折感を心に持ちながら、大学のほぼ四年間はアルバイトと、麻雀と、競輪に明け暮れる最悪の日々を過ごしてしまった。
しかし、初めて心安まる友人ができたのも大学時代であった。

会社生活の生き方と三度目の死への誘惑

人並みに就職をした。人生を、勝つことのみに、価値を置いていた。
サラリーマンとしての生活は、異常とも思える行動をしている。
酒でも麻雀でも議論でも、負けることを恥とした。
朝六時に会社へ出勤し、仕事をした。
昼食時も五分で食事を終え、仕事をした。
酒は一升瓶をラッパ飲みし、真っ直ぐ歩く練習をした。
酒も強くなければと、本気で思ったのである。
相手かまわず議論を吹っかけ、論議をしては、相手を打ち負かしていった。
しかし、いつも心は空しく、人との闘争では人から嫌悪されるだけであった。
経理に配属された時、こんなことがあった。
ソロバンができない私は帳簿の、月次の〆切の計算ができない。コンピューターも電卓もない時代であった。ソロバンで、何度計算しても違う数字が出てくるのである。

一カ月まとめるからできないのだと気付き、毎日、日計表を作れば、計算は二行で済むと思い、私なりの日計表を作り実行した。

そして、月次の全ての資料を翌月早々に提出した時、経営者がその早さに驚いて、その方法を聞きに来られた。私はソロバンができないから仕方なくやったものが、今までの経理の人たちが二十日位かかったものを二週間短縮していたのである。

それから「この人間は仕事ができる」という評価となり、わずか入社三カ月で経理担当から総務課全般を任されることとなった。

次々、仕事を任されてゆく中で、劣等感は、優越感という自惚れに変わっていった。

コンピューターの導入、今で言うと、電卓と遅いプリンターの組み合わせ程度のものであったろう。聞きかじりの中で、できもしない理想的コンピューター導入の仕事をかって出た。

内部の体制もないまま、また内部の協力者も作ることもなく、理想だけを追い、眠るのは一日三時間程度で、無理に無理を重ねていった。

待っていたのは、失敗という二文字と、喀血という結核の発症であった。

失意の中で、一年間の療養生活に入った。

自分の失敗、療養生活、多くの人の忠告も聞かず行動してきた自分。

多くの人たちの嘲笑と軽蔑。

さまざまの思いの中で再び死への誘惑が私の心を襲った。

「私は合法的に死ぬ！」と決めた。

合法的という言葉が、今ではコッケイだが、その時はそう思った。

医者の薬を全て捨て、安静時間中は麻雀をし、夕方抜け出して、飲み屋・焼き鳥屋へ通った。

病院で死ねば、病院の責任で死ねると思ったのである。

しかし、三カ月の定期検診で、レントゲン写真を見ながら、ほぼ治っていると医師が言った。

「先生、そんなはずないと思います！　この人は安静もせず、強制退院をお願いしようと思っていたのです」看護婦長が、強い口調で訴えた。

医師は笑いながら、

「悪いやつほど、よく治る！」当時のヒット映画の題名「悪いやつほどよく眠る！」をもじって言った。

しかし、看護婦長の権幕に押され、「じゃ、退院は、後三カ月後の検診で決めましょう」ということになった。

私は、不思議な気持ちになった。

私は、死にたいと思い、薬を拒絶した。安静時間も全て放棄した。なのに何故治っているのか。

病室の人たちは、寄ると触ると病気のこと、死の恐怖、入院生活の長さの自慢話、退院への願いを語っている。

私は、死への恐怖も何もなかった。

治ろうと思わなかったし、死にたいと願ったのであった。そんな私が何故、治っているのか。

第四節　「第一回天の時」を生きて、「心の転換」が始まる

生命というものの不思議、恐怖なき生命力の強さなど、私は病気が治ったことよりも、

その事実に茫然としていた。

私は初めて「生命というもの」、「人生というもの」を真剣に考え始めた。

数々の書の扉を開けた。

そこには、驚愕《きょうがく》する人生の深淵《しんえん》があり、何も知らない自分だけが、生きていただけであった。

見舞いの方々が持ってきて下さった「人生の書」、「生命の本質」などを読み漁り始めた。

〝人は愛するために生まれた！〟

〝人は本来幸せだから、人は皆幸せを求めるのだ！〟

私は、涙が溢れるのを、止めることができなかった。

二十七年間、私は幸せを求めていた。しかし、いくら求めても幸せは来なかった！

「その幸せは愛することにしかないこと」を知った。

私には、過去を捨てる自由があること、その全ての過去は、人間の本質へ導かれるためにこそあることを知った。

あの過去の悲しみ、苦しみが私に何にも負けない強さを育て、その時々の淋しさによって愛というものの大切さを、魂の底にまでわからせて頂いたのだということがわかった。

「人間の誕生に何故数億個の精子があり、一個の卵子と結びつくのか？」

「親は子供を選べるのか？」

「優生学的に強い精子のみ勝つとするなら、何故生まれつき弱い子供が生まれるのか？」

信じようと信じまいと親が子供を選んでいないとすれば、子供が親を選んだのだという
ことを否定できるのか。

この考え方からすれば、生まれつき富者の子、貧乏の子に生まれたなどの人間不平等が存在するのではなくて、意識することなく自らが一番大切な親と人生を選んだのだと。

人間の信じられないほどの存在価値が、そこにあると思えた。人生を、自らが選ばない限り、選択することができない限り、全ての人が、人生の中心者にはならない。

私には、耐える力があったから、自ら選んでこの人生を生きようとしているのだとわかった時、私は初めて自分の過去の全てを許し、解放し、感謝することができた。

私の悩みは、人と比べたためであったのだとの思いの中で、あの時々の天地へ向かって慟哭《どうこく》したい思い、耐えられない淋しさは、いつまでも変わらぬ〝愛そのもの〟への訴えであり、切なる呼びかけであったのだとわかった時、私は歓喜の大地に立った。

迷う何ものもないのだと思った。

実母への無上の感謝、父と亡き母と養母へのいい知れぬ感謝の大地に立っていた。

私の二十七歳は、一つの人生の岐路であった。

「第一回天の時」を終え、「第二回天の時」を迎えようとしていた。

大きく回天しようとする若き私の岐路であった。

自分本位の生き方は、結局、人との闘争と心の空しさしか生まないことを、今までの二十七年間の生活の中で思い知っていた。

学びゆく中で、

「自分の長所は、人の欠点を補うため」

にあり、

「自分の欠点は、他の人の長所を生かすためにあること」

を知った。

そして、この世界は「善一元の世界」であり、「人は愛するために生まれたのだ」という人生観を自分の思想にまで高め上げたいと思った。

私は笑う練習を始めた。明るくなることが第一の人への礼儀だと思った。

そして自分の会社での生き方として、

①「正論を吐くこと」―損得を超え、誰が正しいかではなく、何が正しいかを求める生き方。
②自分のための生き方より、人の幸せ、人の出世のために自分を捧げる人間になること。
③全ての人の個性を生かすこと。
④仕事に死に切ること。

この生き方を定め、生き抜こうと決意した。

そのことが身に付くまでには、それから十数年を要することとなった。

自己改革のために、私は懸命に正しい思想哲学を学び、実践を始めたのである。

その思想が正しいかどうか。それは多くの人々のために、自分が生き切ったかであると信じた。

その結果として、どれだけ多くの人々の幸せのために、自分という人間が存在したかであると思った。

そして、徐々にではあるが、多くの人から受け入れてもらえる自分へと、変革されていったのである。

第二章　「第二回天の時」への胎動

第一節　結婚―真の幸せへの旅立ち

妻との出会い

私が、二十三歳の時、初めて妻と出会った。

私の会社生活で、初めての部下であった。

私の当時の性格は、激しいもので、仕事への厳しさというより自分勝手なわがままであったと思う。高校を卒業し制服で出勤した彼女は、髪をきちんと分け、背筋をピンと伸ばし、物腰は柔らかく、緊張気味に、私に挨拶した。

高校三年間、クラスの委員長をやっていたということであったが、見るからに真面目そのものに見えた。清潔な身なりと何をいっても、素直に「はい」と返事をする態度に、不思議な感慨を持った。

今まで、私の言動に、抵抗感や反抗心を抱かないものはいなかったのに、彼女は何を言ってもいつも私の指示を素直に聞いてくれる。

どんなに叱っても、感情も穏やかに、真剣に話の内容を聞き、素直に行動する彼女に、自分の毎日の心の荒さが和らぐ思いであった。

当時の私は、人生観は勝つことであった。人一倍の闘争心のみが私を支えていた。

ある日のことであった。

「お茶を、入れてくれないか」と頼んだ。

行動が遅い。〈お茶ぐらいで、何をモタモタしているのか〉と思った。

お茶を入れている場所へ行くと、彼女は、急須の最後の一滴まで注ごうとしていた。

「何をやってんだ。早くしろよ！」と怒鳴った。

そのとき、反抗したことのない彼女が、静かに、しかし断固として言った。

「後に飲まれる方が、美味しくなくなります。すぐに入れますから、待って下さい」

誰が飲むのかわからない人のために、一滴残らず注ごうとしている。

私の怒りはスーッと消えた。

そして、突然、〈俺の結婚する人は、このような人かもしれない〉と思った。

勿論、二十三歳の自分が、真剣に結婚を考えていたわけでもなく、彼女は真面目だけの円満な性格で、普通の恋愛感情が起こったのでもなかった。

しかし、普段の言動を見ていると、今まで私が出会った人の部類には入っていなかった。

全ての人の言動を否定せず、同意点を探し無理なく会話をしている。

さりげない動作に、多くの人々への誠意が溢れていた。

私は、彼女をいつしか、「素晴らしい人だなあ」と尊敬するようになっていった。

しかし、私は仕事の部署が変わり、相も変わらず闘いを続けていた。

私の生活は、仕事が終わり、経理や法律の勉強に行き、その帰りに麻雀をし、深夜先輩に連れられお酒を飲みに行く。

休みの日は競輪場通い。何人かの女性と付き合っていたが、何故か、心はいつも淋しかった。

女性とのデートだけは、無けなしのお金で見栄をはって食事をする。自分の自慢話。果てしない夢物語。

心空しく帰路に着くとき、私は何故か彼女のことを考えていた。

彼女とは、何カ月に一回位食事に行った。お金がない時、ないと言える。ラーメンでも本当に美味しそうに食べている彼女。

お金がないと、帰り際、そっとポケットにお金を入れてくれた。

「ワリカンです」と小さな声で。

彼女といると自然でいられる自分を感じ始めていた。

学生時代の友人に紹介すると、全ての友人から可愛いがられる。

結婚拒否感に潜む心の深層

日常の闘いの日々。癒されることのない空しさの中で、いつしか、彼女との結婚を考え始めている自分に気付いた。ある日、彼女にも、結婚を考えていることを告げた。

しかし、それを告げた時、自分の中に結婚に対する拒否感が充満していることを知った。

結婚するなら彼女だと思っても、私が数多く見てきた結婚そのものに対する過去の絶望の繰り返し。自分の出生への恨みなどが充満していた。

結婚への拒否感は、彼女への不満なのかとも思った。

わからない。尊敬の思いに微塵の狂いもないのに、結婚へ踏みきれないものは何か。

私は、二十六歳を迎えていた。

その時、二つの縁談が、私に持ち上がった。

会社の上司と母からの縁談であり、相当の家柄の方で、条件的に言えば申し分のない話である。何故か、彼女の顔が浮かんだ。

私は、二つとも即座に断ったが、母の強い怒りを買った。
私は、結婚忌避がどこにあるのかわからぬまま、ある女性と付き合っていた。
そのことを、彼女は知ることとなった。
彼女は、時々、私のアパートを訪れて、掃除や食事の用意をしてくれていた。
しかし、私はほとんど留守であった。
ある日曜日の夜、競輪場から帰ってきた。
部屋がきれいに片づけられ、食事の用意がされていた。
食事のカバーをあけると、大変なごちそうの準備と一通の手紙が置いてあった。
「この部屋にいるといつも幸せでした。
心が落ちついて、とても静かな幸せの時間を持たせてくれました。
彼女のこと、幸せにしてあげて下さい。
そして、貴方も幸せになって下さい。
彼女なら、きっと貴方を幸せにしてくれると信じています。
もうお会いすることはありません。
長い間、本当にありがとうございました」

私に電流が流れた！

背筋に痛いほどの電流を感じながら、〈私には彼女しかいない。彼女でなければならない〉という思いが津波のように押し寄せてきた。

私は電車に飛び乗った。

私のために生き、私のために去ろうとしている。

すべて私に非があるのに、一言の責める言葉も言わず、去ろうとしている。

私は、駅に降り立った。彼女の家を目指した。

何ということか、彼女が目の前を歩いていた。

何時間も前に出た彼女と同じ電車に乗っていたのである。

「おい！」声をかけた。振り向いた彼女は、驚きの声で叫んだ。

「来ないで！　帰って！　会っちゃいけない！」

「もう決めた！　今から家に行く。両親に結婚の了解をもらう！」

私はズンズン歩いていった。

彼女は、何も言わずついてくるしかなかった。

突然の訪問であったが、ご両親は歓迎してくれた。

料理とお酒を出された。二部屋の隣の部屋には姉妹が在宅していた。

「今日、頂きたいものがあってきました」と述べた。

義父は、笑いながら、

「何でも欲しいものを、持っていって下さい！」

「彼女と結婚させて下さい」

「はい。わかりました」

それで終わった。全身汗で、ぐしゃぐしゃに濡れているのを感じた。

それから二人で、結婚式場探しである。

二十七歳の十一月、乃木神社で結婚式を挙げることが決まった。

しかし、その夏の七月、私は洗面器二杯の喀血をし、結核で入院することとなった。

結婚式場の予約を断りに行った彼女の思いは、どうであったのだろうか。

結核で入院しながら、私は結婚式ができなくなったことを心の片隅でホッとしている自分を知った。

若き時の数々の苦難、家庭の不和などが与える人間への影響が、いかに多大であるかを、今なら理解できているが、その当時の自分にはわからなかった。

①人間不信は、人との闘争にかりたてられるか、強烈な劣等感を生む。
②家庭の不和は、結婚観や家庭観に歪みを与える。
③人生への抵抗や歪みは、自己満足を求め、渇欲を満たすための行動をとっていく。
④劣等感は、優越感を求めるための空しい争いの根を育てる。
このようなことが、私の人生観、人間観が変わらない限り、繰り返されることになったのである。

愛の立脚点

彼女の結婚観は、相互の半分の魂と魂が結合して完体となることというものであった。

永遠の夫と妻として、一生かけて本当の夫婦となっていくことであるというのである。

私は、人生は勝つものであり、結婚は種族を残すものである。そこに経済的裕福を与えるために男は働くのだと思っていた。

その私が結核で入院した。

私は、自暴自棄に陥り、彼女にも言わず、合法的死を目指した。

薬も廃棄し、安静時間は麻雀をし、夕方は、飲み屋や焼き鳥屋で酒を飲んだ。

夜遅く病院に帰ると、いつも彼女が待っていた。

それが辛く、さらに遅く帰ると、果物がむかれ置いてある。

六カ月、来る日も来る日も彼女は通ってきた。何も言わず、いつものように穏やかに座っていた。時の流れは、確実に過ぎていった。

私の心は、いつしか人生とは何か、愛とは何かを求め始めていた。

退院をして、会社に戻れるかどうかもわからない。

誰も見舞いに来てくれなくなった私は、彼女との人生を受け入れ始めていた。

そして、一年半後、私は彼女と二人きりで、ハワイで挙式をしたのである。

しかし、ハワイでの挙式中、涙を流す妻を見つめながら、結婚というものへの自信のない自分を感じていた。

待たせて、信じてくれて、私が尊敬できる人との結婚なのに自信がない。

人の潜在意識に潜む、巨大な力を感じないではいられない。

しかし、結局、私は妻に救われることになった。どんな時も、変わることのない私への愛情は、凍りついた私の潜在意識の冷たさを、徐々に徐々に溶かしていき、この世界に悪はないこと、一切皆善の世界へ導いていってくれたのである。

私は、結婚に、妻に、何を求めてきたのであろうか。悲しみや淋しさのためにではない。単なる種族を残すためでもない。

私は、永遠に変わることのない絶対的な愛の存在、母の愛を求めていたことを知っていくのであった。

私が求め続けた母なる愛が、妻によってもたらされたのだった。

その愛の大地への旅立ちであった結婚を期に、私は人生の「第二回天の時期」を迎えたのである。

第二節　結婚についての夫婦の追憶（対談）

結婚観の違いによる心の葛藤

夫　若い頃から、自分勝手で激しくて、バクチや酒、何人かの女性との付き合いも知っていて、どうして僕と結婚してくれたの？

妻　実は、結婚前も結婚後もずっと不安があったわ。いつまで、結婚生活続くのかって。他の女性のところへ行ってしまう人じゃないかって。

結婚前、一緒に仕事をしていた頃、すごく叱られたことがあったの。私は、親に反抗しない良い子だったから、怒られることはあまりなかったのに、親以上の叱られ方をして、その時、「この人は私という人間を成長させてくれる、伸ばしてくれる人だ」と思ったのね。

夫　でも、いろんな面で激しかった僕と結婚すれば、苦労するのはわかり切っていたのじゃないの？

妻　ただ結婚する前に、私の中に、ただ甘えて生きることが幸せじゃないって思っていたのね。

従妹の同い年の礼子ちゃんが、私よりずっと早く結婚したの。花嫁修業らしきことは何もしないまま、福島県のお茶屋さんにお嫁に行ったのだけれど。

お姑さんと一緒に暮らしたのね。礼子ちゃんが帰ってくると、コブ茶で吸い物のダシをとるとか、編み物を編んだだけでなく、毛糸をほどいて子供の服を編む話を聞いた時、「何か凄いなあ」と思ったのね。

その頃の私は、何でもやってみたいと思っていたし、私の求めているものって何だろうと、探していたのだと思う。

与えられるだけの幸せではなくて、厳しさの中に成長することへの憧れがあったし、それが素敵な生き方と思えたのね。


夫　僕は、小さい時から、いろいろな家庭で育って、結婚というものの形への絶望を体験してきて、結婚が恐かった。

幸せでなかった家庭の経験が、結婚に夢を持たさなかったんだと思う。

君と出会えて、結婚できたのだと思うけれど、結婚しても家庭に入っていけない。

逆るエネルギーを外に求めた。

他の人に認められたい。自分で納得したいという願いが、いろいろな形で現れていったと思う。

すでにある愛に満足できないで、仕事という名の元に逃げ、遊びという形に自己満足の結果を求めていたと思う。

妻　結婚忌避症ということでしょうか。

夫　僕には、一度も、家庭というものに安住の地がなかった。
たくさんの結婚の破綻を見てきた。「結婚イコール幸せ」ではなかった。

しかし、心の底で、僕を理解してくれる人は君しかいないと思っていたし、君と別れようなどとは一度も思ったことはなかった。

妻　最初に「結婚イコール幸せではないと思える」と言われた時は、不安で納得できなかった。

家にも平気で帰らなかったこともあったし、苦しかった。

けれども不思議。一緒にいると全て許せる自分がわからない。不思議な感覚だった。

結婚への願いと魂の向上

夫　自分の過去の体験と、自分の中にある完全なる愛の形への希求。

「愛などない」という思いと「愛への希求」という矛盾の中に、いつか君へ理想の母親像を求めていったのだと思う。

妻　理想の母親像と言われても、現実には、若い頃にはなかなか、いないのではないでしょうかね。

夫　世の中に女性はたくさんいた。でも僕にとって、心が大きくて、全てを生かしてくれる本当の人間としての女性なるもの、母の本質を求め続けてきたのだと思う。

郵便はがき

恐縮ですが
切手を貼っ
てお出しく
ださい

1 6 0-0 0 2 2

東京都新宿区
新宿 1－10－1

(株) 文芸社

ご愛読者カード係行

書名					
お買上 書店名	都道 府県　　市区 郡　　書店				
ふりがな お名前			大正 昭和 平成　年生　歳		
ふりがな ご住所	□□□-□□□□			性別 男・女	
お電話 番号	（書籍ご注文の際に必要です）	ご職業			

お買い求めの動機

1. 書店店頭で見て　2. 小社の目録を見て　3. 人にすすめられて
4. 新聞広告、雑誌記事、書評を見て（新聞、雑誌名　　　　）

上の質問に 1. と答えられた方の直接的な動機

1. タイトル　2. 著者　3. 目次　4. カバーデザイン　5. 帯　6. その他（　　　）

ご購読新聞	新聞	ご購読雑誌

文芸社の本をお買い求めいただき誠にありがとうございます。
この愛読者カードは今後の小社出版の企画およびイベント等の資料として役立たせていただきます。

本書についてのご意見、ご感想をお聞かせください。
① 内容について

② カバー、タイトルについて

今後、とりあげてほしいテーマを掲げてください。

最近読んでおもしろかった本と、その理由をお聞かせください。

ご自分の研究成果やお考えを出版してみたいというお気持ちはありますか。
ある　　ない　　内容・テーマ（　　　　）

「ある」場合、小社から出版のご案内を希望されますか。
する　　しない

ご協力ありがとうございました。

〈ブックサービスのご案内〉
小社書籍の直接販売を料金着払いの宅急便サービスにて承っております。ご購入希望がございましたら下の欄に書名と冊数をお書きの上ご返送ください。
●送料⇒無料●お支払方法⇒①代金引換の場合のみ代引手数料￥210（税込）がかかります。②クレジットカード払の場合、代引手数料も無料。但し、使用できるカードのご確認やカードNo.が必要になりますので、直接ブックサービス（0120-29-9625）へお申し込みください。

ご注文書名	冊数	ご注文書名	冊数
	冊		冊

君にとっては、さぞ迷惑だったろうけど。

聖母マリアのように、聖母観音のように、僕の全てを許すことのできる女性しか、僕と結婚してくれないだろうと思っていた。

それ位、自分自身に、矛盾を感じて生きてきたからね。

人間として、女性として、母として、自分の理想を君に移入し、そのことを勝手に解釈し、何でも許されているからと勝手なことをする自分を感じていた。

妻

長女が生まれて、帰ってこない日々に、「結婚って何だろう？　夫婦って何だろう？」という思いが募《つの》ってきたのね。

そんな時、ある本の中にこのような言葉を見つけたの。

「結婚とは、魂（人格）の向上のためにのみある！」

それを読んだ時、本当に驚いた。

自分の求めている結婚とは、違う世界があると思ったの。

今まで、自分中心の幸せのみ求めて生きてきたのではなかったか。

そうじゃない！　今悩んでいることも、魂の向上のためにあるのではないか……。

その言葉は、私のその後の人生の大きな力になっていったわ。

普通に考えたら、私が正しい。

正しいのに、「何故」のみが出てくる。

自分が正しいと思えば、あなたの全てが受け入れられない。

魂・人格の向上のためにのみ、全てがあると考える時、全てに意義があるはずと徐々に変わってきたのね。

夫　三十四歳の時もそうだったけれど、何回も会社を辞めると言った時も、何やっても最後は反対しなかったのはどうしてなの？

妻　会社を辞めることも、私の意見を聞いてくれたでしょう。「どう思う？」って。

今だから言うけど、「辞めるのもったいないけどなあ」と思っていた。

私は、あなたはとても力のある人だと思っていたの。

でもこの人が自分の生き方を決めて生きていくのなら、私はそれでよいと思っていたのね。

親への感謝と真に価値あるものを見つめて

夫　今から考えると、自分が会社で通用しないから、逃げようとしていたのだと思うね。

しかし、その葛藤が、その後の人生を開いてくれたとも思う。

新しい事業への挑戦も、人間の持つエネルギーの吐け口を探したのだと思う。

今回、脳梗塞で倒れて一年半リハビリしてきたけど、こんなに努力したのは初めてだと思う。

人間は、結局エネルギーの吐け口を探して生きているのではないかと思うな。

けれど人間は、いろいろなことがあっても、結局、自分が決めて生きていくんだねえ。

僕は、小さい時から人と相談したこともなかった。自分の中で想像し、理解し、夢を見たり、自信喪失したりの繰り返しの中で、全て自分で決めてきた。

妻

私もそうだったわ。結局人は形は別として、自分で人生を決めてるのだと思うわ。

最近思うの。私は親が大好きなのだと。私の親もあなたの親も。

「子を持って知る親の恩」というけれど、子供が生まれた時以上に、今は親への愛ということと、親というものの偉大さを感じるのね。

親というものは、我慢したり、耐えたり、越えたりして生きながら、結局価値のあるものを生きようとしてきたのね。

そこに行かざるを得ない世界に向かっていると思う。

人間として本当の心の願い、最終的に、人のために生きるということに連なってゆくのだと思うのね。

夫　価値には外価値と内価値があって、自分の中にある思想とか、哲学とか、愛とかいう内価値は壊れない。

地位とか、財産とか、名誉などの外価値は、壊れる時は瞬間に壊れる。

今まで内価値と言いながら、外価値ばかり求めて生きてきた気がする。

今回脳梗塞になって、この体験の意義と病気への感謝ができた時に、本当の価値を見つけ出せると思ったね。

裏を返せば、本当の価値に目覚めた時、この病の真の意義を見出だすことができると思った。

でも、この病と共に事業不振の責任を取って会社を辞めようとした時、君も悩んだんではないの？

妻　会社を辞めることは資料を持ってきてもらって、説明してくれていたから、責任を取ることは理解できたわ。

「一人で全ての責任を取る」というそんな理想的な生き方ができる人は、そうはいないと思った。

その後のことも、きっと切り開いてくれると信じていたの。

ただ病気になるとは、思ってもいなかったわ。

夫　病気に倒れて悩んでいる時も、黙ってそばにいてくれて、時々「あなたは、感動的人生を必ず送るわ！」などアドバイスしてくれていたけど、どう感じていたの？

妻　脳梗塞の知識もなかったし、ただ祈るだけだった。

最初は私も、症状がよくなって、きっと完全に治ると思っていたわ。

ただ、もの凄いストレスもあるだろうに、本を読み、眠る時間もテープを聴き続けるあなたを見てて、そのことだけでもいいという感じがあったの。

あなたがもっと何かを吸収してくれたらと。

私には私ができること、自分を全てなくして、心を全開して全てを受け入れようと思ったの。

それが私の仕事だと。そのまま、ありのままを受け入れよう、あとは必ずよくなると信じていたのね。

夫　リハビリだけの一年半、モラトリアムと言われるものを今はどう感じているの？

妻　現実的にはリハビリばかりで大変だったけど、私たちにとっては、大変な贈り物だと思うの。拘束されない生活。そのようにしか生活できなかったけれど、本当の価値を見つめる大変な時間になったと思うの。

普通だったら、人生を相変わらず走っていただろうし、事実、何年か前から、私は、走り続けるあなたが不安だった。

いつか仕事は辞める時が来る。

生活にも金銭的にも恵まれていても、本当にこれでいいのだろうかと、疑問に思っていたの。

今二人で人生を見つめ直し、本当の価値を創り上げようとしているわ。

本当の価値観を見つめるなんて、普通はできないし、勉強したってわからない時間だと思うの。

夫　そういうふうにとらえるんだねえ君は。
我々にとって大変貴重な学びの時だったんだねえ。

妻　私、逆境なのに神様を信じられるようになったのね。
人生っていろんなことで、魂的によくなっていると思うの。

どんな時にも、素晴らしい人たちに出会える。府中病院でのリハビリの先生。目の悪い先生が、明るくやさしく指導して下さる。仕事というより、人に与えきった生き方。こういう生き方で人の支えになれる仕事があると思ったわ。他の先生でも、言葉はとても少ないのに、何気ないやさしさにとても感動したわ。

夫　今までに会ったことのないやさしさだったね。他の方との出会いはどう思っているの？

妻　他にもたくさん出会えたけれど、渡辺社長さんはじめ多くの人の愛情に触れたし、あなたが探してくれた数々の本の中の方々との出会い。この病気をしなかったら、出会わなかった方々との心の出会いを感じたのね。『心が動く』（荘道社）の森山志郎先生との出会いは、本当に何て表現してよいかわからない位有り難かったわ。一番求めていた「障害受容」と「人生」を深く考えさせられ、本当に救われるような思いだったわね。横浜で初めて先生にお会いした時、胸がいっぱいになって。奥様の強いやさしさが、これからの私の生き方を決めて下さったの。

夫　病気になる前に学んできたことは、何か頭だけで学んできたような気がする。

この一年半は実体験的学びだったよね。

妻　いろいろな人との出会いで、今までと違った感動をもって生きられるのね。今まで、他の人に与えよう与えようと生きてきたつもりだったのに、そうではなかったわ。人生って、与えられているばかりだっていうことがわかってきたのね。自然体でそう思える。

夫　そうだね。今まで他の人に与えたものって何もなかったかもしれない。与えられてきたものばかりだったんだね。子供たちにも与えられてきたんだね。必ず素晴らしい人生が開けると自信が生まれてきたね。待つ力がこの一年半でできてきて性格が変わってこれた。ただ、今思うのは、少しお騒がせすぎの人生かな。もう少し平々凡々に生きてもよかったのにね。できないんだね！全て苦難を自ら引き寄せて、必死に戦ってきたんだね。

妻　やはり、自分で求めてきたと思うわ。

夫　避けようと思えば、避けてこれたこともあったと思う。やはり自分が求めてきた人生なんだね。

自作自演して感動を求めて生きてきた。
それが生きるエネルギーになっていたことも事実だけど。

妻　私もその中で耐えて、不安の時期もあったし、金銭的に豊かになればなるほど、「何か、ちょっと違う！」と思っていた。今、私たちの心の中の本当の世界を見つけようとしていると思うの。人生って、やっぱり素晴らしいわね。

夫　最後はサラリーマンとしては偉くなっていたけど、通用してしまう自分に満足して、本当の努力を忘れていたのかもしれないな。
今、努力する本来の自分が甦《よみがえ》ってきたと思う。
今この病を得て、人生には本当の努力を要求されていること、未来の形を自分の力で切り開くことができるということ、それを感じていることが人間としては、一番幸せなことのような気がしている。

妻　生涯にわたって、魂の訓練なんですね。

夫　訓練ということから見ると、人間って、一番大切なものを、その時々に失ってゆくんだね。
父母、仕事、地位、会社そして健康な身体など、人それぞれに失ってゆく。

妻　でも僕にとって、いつも一番大切な時には、君が側にいてくれたね。

君が一番大変な時、僕はいつもいなかった。

ただ子供のことだけは、いつも一致して行動できたね。

妻　子供のことはいろいろあったけど、子供にとって人生の大切な時に、いつもこう言ってほしいと思うことを、あなたは言ってくれたわ。

夫　君がそうだった。いろいろなことがあった時、一番必要な言葉を言ってくれた。

この病気に倒れて失意のどん底の中で、

「あなたの人生は、感動する人生を必ず生きるわ！」

「身体がどうなっても、他の人を生かす力があなたにはあるから、心配していない」

「最悪の場合何でもする。私も働くから心配しないで！」

「本当の価値ある人生を見つめる、大変な贈り物の時間ね」

結婚して二十九年、初めて会ってから三十五年。本当に君と結婚できてよかったと感謝している。僕にとって君との結婚が幸せへの旅立ちだったと思うな。

ありがとう。

妻　こちらこそありがとうございます。

第三節　真実の愛について

人は愛するために生きる

人は、愛するために生まれた。愛することが、人の生まれた使命であるとすれば、愛について深く考えてみなければならない。

私は、今まで「愛」という言葉を数多く使い、「愛」ということの存在が、人間の世界の幸せの根源であると信じてきた。

「愛」とは、いかに定義し、語られるべきものかは、知らない。

しかし、「愛深い」ということを「慈悲深い」と語られ、神社仏閣へ金品等寄付した時、「ご喜捨感謝申し上げます」などという言葉が語られる。

仏法では「慈悲喜捨の心」を「愛の四段階」であり、「仏の限界のない無量に深い心」だと説かれている。

量が計れないほどの「無限の愛の心」とは、どのようなものであろうか。

「慈の心」とは、自分が愛するものを愛する心である。

一般の恋愛などは、その中に入るであろう。しかし、その愛する道は、無限である。

若き人々は、永遠に変わらぬ愛の対象を、異性に求める。

しかし、この心は、愛の入り口であり愛の第一段階である。

「悲の心」とは、自分が嫌いなものを愛する心である。

相手の不幸を見て、その苦しみを抜き、幸せを与えんとする心である。

相手の悲しみを自分に摂取して、さらに楽を与えんとする心である。

自分が好きな人を愛することは、誰にでもできる。けれど、自分を汚し、傷つける人さえも愛する道は、険しい道である。

しかし、この道がまだ愛の二段階目だというのである。

「喜の心」とは、他の人の喜びに同喜する心である。

一見簡単なことのようであるが、自分の会社の部下であった者が、人事異動で自分の上司になったとする。その時、部下の出世を心から喜び、彼の部下になることに心から喜び従い得るか。

ある女性が、自分の最愛の婚約者を友人に紹介し、三人で食事をしたとする。

その彼女の婚約者と彼女の友人が、その食事の席でお互いが「探していたのはあなただ！」と告げた時、愛する婚約者と愛する友人のために心から喜び、祝福できるか。

愛する人のために、自分の幸せを捨て切って、心から喜べる心であるかだという。

私は、この第三段階を学びゆく中で「私には絶対できない！」と思った。

しかし、愛とは、最後の第四段階「捨の心」こそ、愛を完成させるものだという。

愛というと、愛する者を自分のそばに引きつけておこうとする。

しかし、本当の愛とは、愛する者のために愛する者を、捨て放つことだという。

自分が一番大事だと誰もが言う。その一番大切な自分の生命を、社会のために、多くの人のために捨て放つことができるかである。

お金は生きてゆく大切なものである。それを寄進する時「喜捨する」という言葉が使われたのである。

さらに、愛する人を、自由に、その人のために放してあげる心こそ「捨の心」だという。

自分の生命を捧げて、溺れんとする幼い子供を助けた青年に、人は何故感動するのであろうか。

多くの人々のために、愛を捧げ切ったマザー・テレサに、人々は何故に、涙を流すのか。

自分というものを、捨て切った生き方に、人は究極の愛の形を見つめる。

それは、感動する人々の中に、それと同等の愛の原形が存在しているからこそ、涙を流し感動しているのだと思う。

人間は、本当に、自分の生命を捧げるまで、愛の昇華ができるのであろうか。

私には、「できない」と思った。けれど、若き頃から、心の底から「全き愛になりたい！」という願いがあった。

愛を生きることが、人間の人間たるゆえんだと信じ続けてきた。

なかなか心と行動が一致しないもどかしさで、生き続けてきた気がする。

しかし今、この愛を、当たり前のように行じているのを、多くの「母の姿」に見出だすことができることを感じている。

愛する夫と出会い、愛する子供と出会う。

子供のために、母は好悪を超える。

冬であろうと二時間おきの授乳、風邪をひいた子供の洟を、口で当たり前のように吸う。

重い子供を、背負い抱く。そして、子供の成長を、心からひたすら待ち続ける。

自分の肉体的苦痛より、子供の幸せのみを祈り、生きる。

「慈悲の心」そのままに、母は子供に全てを、捧げ切って生きている。

そして、子供の成長と成功を心から祈り、喜ぶ。

親を超えた子供の成長や出世を、心の底から願い待ち望む。

そこには、ただ、子供の幸せを祈る心しかない。「喜無量の心」そのものだ。

そして、母は子供のために、耐え忍び、子供は、進学、就職、結婚と母から巣立ってゆく。

母なるものは、子供のためであれば、自分の寂しさに耐え、命を捨てることさえできる。

そして、子供を、どこまでも信じ続ける。

子供の願いのままに、全てを捧げ生きてゆく姿に、本当の愛「捨の心」を感じ、子供は母の心に戻ってゆくのだと思う。

その真実の愛が、年齢を重ねて、夫婦なるものに、戻ってゆくのではないだろうか。

私は、限りなく、愛なるものを見つめ、信じ、掘り下げてゆくことを念願している。

第三章　「第二回天の時」を生きて

第一節　経営者としての責任の取り方とは

バブル崩壊による企業の危機

平成十三年十二月十九日、携帯電話が鳴った。私は大阪にいた。

「副会長、すぐ帰ってきて下さいませんか！」

管理本部長からの電話であった。通常の口振りではない切羽詰まった言い方に、若干の胸騒ぎを覚えたが、私は「のぞみ」に飛び乗った。

「銀行が年度末の融資に応じない！」という返事だというのであった。

銀行担当役員は、顔面蒼白で体は震え、譫言《うわごと》のように、

「私の責任です。会社を辞めさせて下さい」と繰り返していた。

私の心に、「しまった！」という思いが、押し寄せていた。

不良債権処理という政府の国際公約は、金融庁指導による大手銀行の合併、大手ゼネコンなどの倒産などを引き起こしていた。

企業のランク付けも厳しく査定され、平成十三年夏、他の多くのゼネコンなどと同様「要

注意債権」にランクされた。

そのことの報告を受けた時、私は銀行担当役員に聞いた。

「要注意債権にランクされたということは、どういう影響があるの？」

「まあ、金利が上がるという位でしょう」

「金利が上がるのも困るけど、資金繰りは大丈夫なの？」

「最後は、メインバンクが責任を持ってくれると思いますので、心配はないと思います」

私は、その返事であまり心配もせず、業務に邁進していった。

私の所属していた企業は、創立六十一年を数える公共事業関連企業であった。

資金面は長い間、銀行出身の役員が全面処理をしており、他の役員は全く関与しないという会社の方針が続いていた。

時代が急変しているのに、今までの方式を踏襲していたことの間違いを、瞬間に感じ取っていた。

「どうすればいいのかね？」私は尋ねた。

「副会長に、銀行に行って頂きたい」

それが、管理本部の答えであった。

「わかった。私が行く。元気を出せ！　起きたことは仕方がない。心配するな！　行くとしたら私一人で行くから」

そう伝え、銀行と連絡を取らせた。

初めて一人で銀行へ行った。思いもよらぬ強い言動に、正直びっくりした。

このような状況に至るまで、銀行担当役員へ任せていたことの自分の不明を恥じた。

私は、この年度末を黒字にすることを約束をし、十二月末、一月の融資を受けることができた。

銀行の主張されることは、「企業は利益を出すことのみに存続の意義がある」ということであり、厳しいが正しいことであった。

国家予算の公共事業費がいかに減少しようと、各地方自治体の財政難による事業規模がいかに縮小されようと、企業というものからみれば、利益を出すことを要求される。

私は、年末に全グループの幹部を集め、正月を返上して、三月末を黒字にするためのあらゆる対策を講ずる計画書の作成を指示した。

そして、その後の「二年間に亘る経営計画」も秋口から検討していたが、その策定も早急に作成するよう同時に指示した。

しかし、十四年三月末を黒字にするための予定出荷が一月末でショートし、それを二月末の出荷で補えない。

二月中頃、出荷の数字を見つめ続けながら、私は「経営者の責任とは何か」「自分の責任とは何か」を、問い続けていた。

三月末の数字を出さなければ、その後の経営計画を主張することはできない。

主力銀行に対し、いい加減な態度は取ってはならないと思った。

「どのような責任の取り方があるのか」考えれば考えるほど、ただ私が会社を辞めればいいのではなく、自分の生命そのものであった企業を、残さなければならないと思った。

三十六年間、ひたすら求め続けた経営とは何であったのか。

数多くの失敗と、少しの成功に縋《すが》って生きてきた。上場会社の代表取締役副会長をはじめ、グループの経営者を兼任し、ただひたすら事業の展開を模索してきた。

経営に「人生を見つめ」、「人生に人間とは何か」を求め続けてきた気がする。

しかし「二十世紀型経営の終焉」、「失われた十年」という言葉は、私の人生にも多大の圧力としてのしかかり、私は会社生活の三十六年目に、「経営者の責任とは何か」を見つめなければならないことになった。

企業とは、「利益を出すためにのみ存続する」という大原則を守れなかった経営者は、その責任を取らねばならない。

経営者の責任の取り方とは何か、眠れぬ日々の中で、数多くの歴史を繙《ひもと》いていった。

数多くの先人の中で、吉田松陰先生の生き方を考えた。

第二節　歴史に学んだ責任の取り方と行動

安政六年十月二十七日。吉田松陰先生は、安政の大獄最後の処刑者として刑場に送られた。

その朝、死罪が宣告されて、吟じた詩。

吾、今、国の為に死す。
死して、君親に背かず。
悠々　天地の事。
鑑照　明神にあり。

その一日前、松陰先生は、『留魂録』を残されている。「至誠にして、動かざるはなし」という信念で事に当たったが、失敗したのは自分の誠が至らなかったせいだとし、取り調べの模様等が残されている。その留魂録の冒頭に書かれた詩がある。

身はたとひ、武蔵野の野辺に朽ちぬとも留《とどめおかま》置し大和魂

明治の大教育者　吉田松陰先生。

私心なく、自らの生命を国のために捧げ、自らの至誠を尋ね続けられた生き方こそ、「明治維新」を日本の近代化の起爆剤にした大きな力であったと思う。

私は、吉田松陰先生の生き方を追い求めながら、私にとって捧げる生命の対象は何であるのかと見つめる時、企業そのものであると思われたし、経営者として、「保身への生き方だけは、決して、してはならない」と思った。

私たち経営陣の後に続く経営者が、自分たちの裁量で経営できる余地を残すこと。何よりも、私の責任の取り方で、いろいろな改革も進んでいくと考えたし、誰かが本当の責任

を取るべきだと考えた。

吉田松陰先生は、「至誠にして動かざるはなし」というように、全ての責任を他に転嫁することなく、自らに全ての責任を受けられていった。

その光は、数多くの人たちに点火され、明治維新がなされたことを考える時、責任の取り方とはいかにあるべきかを示唆していると思われた。

責任とは、全責任を自らが受けることであり、吉田松陰先生の辞世の詩のように、「今、国の為に死す。死して君親に背かず」という思いがなければならない。

私もまた、会社と多くの人々のために、全ての責任を取らねばならない。

誰の責任にもせず、自分一身の責任として、受け切る生き方をしなければならないという思いが、募ってきた。

現実に、その行動を取る時、自分が全ての職を辞した後の生活や仕事を考えれば、若干の不安が心に浮かんだことも事実であった。

しかし、だからこそ、一人でも多くの人たちに働く場を残さねばならないという思いが、私に激しい行動を要求した。

今までの全ての経営決定は、代表権を持った私が決定したのであり、誰も逆らえなかったと主張し、私一人の責任であると訴え続けた。

長い交渉の結果、平成十四年五月十四日、メインバンクの全面支援が決定したのであった。

そして、最後の会社生活の日、株主総会へ向かう途中、私は脳梗塞で倒れた。

一年半を過ぎて、今、私の責任の取り方が正しかったかどうかわからない。

それが、私の美学だとしても、小さい美学故に、家族を未来への不安にかき立てた。

しかし、何故かわからない。私には不安がない。

私の今までの幾多の経験が私を叱咤している。

「人間は働くために生きているのであり、必ず私に適した次の仕事が用意されているはずだ！」という言葉が強く私に迫る。

人生には幾多の転機がある。

その転機を「受け切るか」、「絶望するか」、そこに私の真の人生が問われるという思いが募った。

私は、自らの学んだ思想を生きることで、責任を取りたいと願った。

その意味で、私には悔いはない。

むしろ、責任を回避していたとしたら、私は毎日針の筵《むしろ》に座り続けることになったかもしれない。

責任の取り方は、形ではないことを歴史は物語っている。

西郷隆盛は、死してその責任を取った。

大久保利通は、生きて明治維新を完成へと導いた。

吉田松陰は、死してその思想を後世の人々に点火していった。

高杉晋作をはじめ多くの人々は、吉田松陰先生の意志を継いで、大回天のエネルギーになっていった。

私は、辞職することで自らの責任を取り、多くの人々は残って、企業再建の道に進まねばならない。

全ての人間は、結局、形を超えて、責任を取り続けていることを、心から感ずることができる。

私のお世話になった企業が、栄光の日々を再び迎えることを祈り、信じ、私の人生の一つの区切りに感謝を捧げたい。

第三節　企業人としての行動の軌跡

若き企業人としての願いと行動

私が入社したのは、昭和四十二年の高度成長期の真っただ中であった。

公共事業は、毎年、毎年、大幅な国家予算が組まれ、企業の経営目標は、国家予算の伸び率を考えていればよかった。

しかも、補正予算も度々組まれ、企業としては、いかにして受注に出荷を間に合わせるかが、重要な経営課題であった。

毎月のように、出荷新記録の金一封が出され、企業は朝六時から夜中まで、生き生きと活動していた。

強烈な創始者のリーダーシップの元、上から下まで、全員が心を一つに生き抜いていた。

株式上場後、株価は高値を維持し続けた。

企業の栄光は、永遠に続くものと考えていたし、経営者も事あるごとに「我が社のみは生き残る。他の企業は潰れても、我が社のみは必ず生き残る」という言葉を、多くの人は疑いもせず信じていた。

私が三十歳の時、第一次オイルショックが世界を襲った。

あっという間に社内の雰囲気が変わった。

国家予算の大幅な削減は、そのまま、企業の成果に直結してしまう。

社内は、厳しい経費削減と、明日にも企業倒産の危機が叫ばれ始めた。

そして、希望退職者の募集がなされた。

あまりの変化に、私も希望退職者募集に応じようと思った。

当時、従業員の資格は、①一般営業・事務職②技術職③現業員であったが、希望退職募集の対象者は、当初全職員のはずであったが、二日間で現業員のみが対象となった。

優秀な人材がいなくなれば、企業が将来困るという説明であった。

私には釈然としないものが残った。では企業の方向性はどうなるのかと、いろいろな人に聞き回ったが、誰も納得できる回答をくれる人はいなかった。

ほとんどの人が、「会社が考えてくれると思う」という回答であった。

「会社とは、一体どこにあるのか！」と思った。

企業は、一品種大量生産方式の体制のままであり、他の製品を作ることも研究することも許されなかった。

「国家予算が、いつか回復する」ということだけでは、あまりにも経営者として他動的でないのか。

私は、勤続十年目を迎えていた。

その間、私は数多くの仕事をさせられていた。

経理、総務、労務、営業庶務、コンピューター、業界対策、業界活動など、今考えてみると、会社がいかに私を育てようとしていたかが理解できるのだけれど、当時の私は、自分の才能と努力でやってきたと錯覚していた。

私は、この十年間、人間関係に苦しみながら、二十七歳を転機として「第二回天の時」を生きながら、精神的学びを必死にしていた時代でもあった。

「企業理念」も「経営方針」も全くない企業に、私は自分の使命として、従業員の心の支えが必要であることを語り始めた。

しかし、語れば語るほど、空しさのみが、募っていった。

誰も耳を傾けてくれる人はなかった。

私は次のようなことを語り続けた。

①新しい事業展開が、必要なこと。
②若い人間を、登用してほしいこと。
③社内で、物言えば口唇寒しの状況を打開すること。多くの人の才能を生かすこと。
④社内の風通しをよくし、情報の共有化をはかること。よって、社内活性化を図ること。

多くの人たちは、総論賛成であったが、いざとなると、経営陣が恐く尻込みするばかりであった。出張・会議などはほとんどなく、全て経営者指示事項を遂行するだけであった。約二年間、私は空しい日々を過ごした。改革などとはほど遠い、毎日の業務をこなすだけの日々の中で、多くの人はそれぞれの自己顕示欲を満たしているかに見えた。

退職の決意と「第二回天の時」を迎えて

私は、自分の会社人生を考えた。
このままでいいのか！　私はただ生きている屍《しかばね》で一生終わっていいのか！

その頃、数少ない理解者の一人の新しい事業展開の提案が、無下に却下されたことを知った。

私は、辞職する決意をした。

しかし、ただ会社が不満だから辞めるのでは、十年間お世話になった感謝が足りない。自分の退職は、真に企業にとって必要なことを訴えたいためであり、愛する故に退職せざるを得ないことを書き記した辞職願を書いた。

今は亡き当時の専務が、五日間連続で私を慰留し、私の意見に耳を傾けて下さった。

そして、五日目に、次のような言葉があった。

「昨日、君の話を全て、次期社長に伝えた。君を必要とするかどうかも尋ねた。その回答は、どんなことがあっても、慰留してほしい。会社にぜひ必要な人物だと思っているとのことであった。一年間待ってくれないか。一〇〇パーセント君の願うようになれるかどうかはわからないが、必ず改善するから」と。そして、「明日返事がほしい」ということであった。

しかし、一旦辞職すると言って撤回するのに抵抗もあったし、明日返事をと言われても辞める決意に変わりはなかった。

私は、その足でお別れのために私の理解者の元を尋ねた。そして、私の退職の意志を伝え、今までのお礼を申し上げた。

その時彼らは、次のような言葉を語った。

「辞める思いは理解できる。私もあなたの考えに賛同している。力及ばず会社に影響を与え切っていないが、どうしてもいい方向に変えていきたい。それには、仲間作りをしていくことが大切だし、そのリーダーとして、あなたがどうしても必要だ。万難を排して会社に残ってほしい。会社を一緒に変えてゆきましょうよ！」と涙とともに訴えて頂いた。

〈会社が、変わろうと言って下さっている〉〈仲間が、立つと言ってくれている〉

私は涙が溢れ、自分の見栄を捨て、もう一度頑張ろうという心に変わっていった。

翌朝、専務の元に行った。辞職の撤回と失礼の段を詫び、感謝の意を伝えた。

非常に喜んで下さり、手をしっかりと握って頂いた。

その日の午後、私は次期社長に呼ばれた。

満面の微笑の元、「若者の集まりを関東から始めたいが人選を頼むよ」と言われた。

私は、関東のみでなく、できるだけ早く、全国の各事業所からの出席を希望した。

「業務研究会」という関東の集まりは、全国の「開発委員会」という組織になり、そこで

「業界新製品」としての「戦後最大のヒット商品」を生み、「一つの産業」を生み出したのである。

選任された若者は、燃えに燃え新製品の開発・拡販に向かっていった。

一見、企業の長い歴史の風土の問題点と見えることも、方向さえ変えれば、強大な力に変貌すること。一切の悪はないことを知った大きな体験であった。

ワンマン企業のよさも課題さえも、全て善へ転換できることを知った。

人間のエネルギーは、顕在化していようと潜在化していようと、その総和に変わることはない。

しかし、そのエネルギーを結集し、顕在化させる力とは何かを考えた時、いくつかのポイントがあるのではないかと思う。

①企業のトップが、その活動を認知した時、一気に多くの人の「自己実現への願い」が爆発してゆく。

②我々の活動は、「一つの産業を生み出す！」という大きな夢の共有があったこと。

③目指す方向性がはっきりしていたし、市場調査によって「ユーザーのニーズ」をつか

むことで、夢と現実が乖離《かいり》していなかったこと。

④「若者登用」ということで、若い力が長い間の抑圧現象から解き放たれたこと。

⑤「経営全般への参加」という会社員にとって一つの夢へ参画できたこと。

⑥技術開発力と新技術がマッチしていたことに加え、「若い優秀な技術責任者がリーダー」になったことで、確かな歩みが確認できたこと。

⑦第一次オイルショック以後の需要の激減とトップ交代による「新しい技術への気運」が生まれてきたこと。

⑧会の運営方法が、「全員を生かす」という視点に立って運営することで、会が一丸となれたこと。

新製品はわずか半年で誕生した。この製品が企業の中核製品に育つには、数年の歳月を要することになるが、会社全体に新しい空気を作り上げていくことになった。

私は、会の事務局長として、全員の心の一致を最重点として取り組んだ。

その製品に多くの特許出願をした。

その製品を、全国の有数の企業へ実施許諾をし、「いつでも、どこでも、いつまでも」供給できる状況を作ることが、当時の中央官庁の認知製品になるというアイデアを出した。

今では、協会、工業会など当たり前になっているが、当時、我が社の所属する業界において、その企業の製品の実施許諾など誰も考えたことのないことであった。

当時の社長から呼ばれた。

「実施許諾など生意気なことをしたら、業界を敵に回してしまうぞ！ そんなこと考えないで、地道に自分の会社だけのために拡販すればよい。そんなことは許さない！」

私は食い下がった。

「自分の会社のためにこそ中央官庁の認知が必要であり、またこの製品は、日本中のユーザーが待っている製品です。実施許諾された企業も、必ず利益が出ます。国も自治体もメーカーも皆、喜ぶ製品です。やりもしないで決めつけないで、やらせて下さい！」

「君が責任を持ってやるか！」

「やらせて下さい。但し、会社を代表して交渉するには、係長では無理です。社内的に係長のままでも、対外的には、製品課長の名刺を作らせて下さい。そして実行権限を頂きたい」

「わかった。君に全権を渡すからやってみなさい。但し、反発が強かったらすぐ撤退が条件だ」

全権を担った私は、「営業」・「技術」・「生産」から優秀な人たちを「全国講師団」とし、北海道から沖縄まで「製品説明会」と「契約締結」の活動を開始した。

全国マップに、全国のメーカーの工場をチェックし、各都道府県一社というルールを設け、競合を避けると同時に、各地区の会員を全国会員の協力会社として位置づけ、内部的には開発委員を中心とし、激しい拡販活動と実績作りに邁進した。

「製品研究会」という会員の集まりから「全国組織の工業会」に発展拡大し、「展示会への出品」、「全国会員の営業推進連絡会」、「地区会議」を開催、数年のうちにその製品は全国の多くの自治体採用となっていった。

経営計画の立案者となり、経営の中枢へ

そして、第二次オイルショック。

企業は、上場以来初めての赤字へ転落。国家予算も緊縮予算になっていった。

ある日のことであった。

次期社長の当時専務取締役から呼ばれた。

「会社として、今後の方向性をどうするか、君に立案してもらいたい。ついては、聖域を設けない。土地の処分も含め考えてもらっていい」

一介の課長代理（課長三段階の最下位）に対し、「経営方針を考えてほしい」というのである。それまで、経営方針などもなかったわけであるし、勉強してきたわけでもなかった。自信もないくせに私は、さも自信ありげに言った。

「わかりました。私に一カ月の時間を下さい。そして、その計画ができた時点で次の三点の実施をお願いしたい」

①できた計画を、会社として、全社員に説明会を開催すること。
②できた計画は、必ず実施すると約束して下さること。
③私に全社への自由な出張、会議開催への権限を頂くこと。

「それを約束して下さるならやります！」
「わかった。約束する。頼む！」
了解されてしまうと、正直言ってどうしていいかわからず、しばらく茫然としていた。

私は、メイン工場の一室を開放して頂き、自分の会社の決算書を開いた。

〈何から始めるか！〉

まず同業他社との徹底比較。当社の損益分岐点などを経て、全項目ごとに他社との比較を検討し、私なりに知恵を絞り、当社独自の原価低減目標を作っていった。

さらに、メイン製品のシビアな現状を把握し、メイン製品の需要減を補う「新製品の必要受注目標」と「営業戦略」などを明らかにしていった。

その中で、原材料の価格交渉などを当時の経営者、管理職の各位に行動してもらうことと、全社的結束の必要性を感じた。

①メイン製品で上場企業まで作り上げた先輩方は、若者中心で作り上げた新製品に力が入らない状況で、むしろ反発すらある現状を打破してゆくこと。

②全ての幹部の方々に対して、一介の課長代理の作った経営方針を実施して頂くためには幹部の方々に自らの企画として、取り組んで頂く必要性を感じたこと。

私はまず方針書（案）を作り、一年で利益体質に変換する対策を立案した。

各項目ごとに、先輩方を責任者とする委員会（案）を作り、説得に全事業所を回り、幹部一人一人と会い、趣旨の説明と協力を要請した。

当時、一番古株の実力者工場長とは、二人きりで七時間話し合った。

全ての幹部に対し、企業を守ること、全員で作り上げる経営方針であるべきこと、そのために「変更すべき事項」「削除すべき事項」「私の気づかない追加対策をすべき事項」を、心をこめて、この方針書を作り上げる必要性を訴えていった。

私は、幹部全ての意見を取り入れ、方針に魂を入れていった。

そして、幹部、若手の合同会議を開催し、全社一丸となる方針の確認を行った。

さらに、専務取締役と二人で全事業所を回り、全社員説明会を開催し、方針の会社決定と全社員の協力を依頼していった。

スケジュールに従い、会社挙げての行動が開始され、一年を待たずして大幅な黒字会社へ転換されていった。

その結果、若者ばかりでなく、会社全体で話し合う素地が企業に確立されていった。

新製品は、原価の低減と全社挙げての拡販シフトができたことで、収益性の高い製品になった。

そしてその製品はやがて、中央官庁の規格製品となり、多くの類似品を生み出したが、「一つの産業」を生み出すに至った。

夢が、現実化していったのである。

しかし、それから続いたいくつかの成功体験は、その後の私の失敗へつながってゆくのである。

成功体験と失敗の教訓

私は、苦労の末できた成功体験を元に、全く異業種の企業設立の中心者の一人になっていった。

独自の技術を有する他業種の人と共に起こした最初の異業種の企業は、しっかりとしたユーザーと技術を持っていた故に、設立二年目から黒字企業になった。

設立するまでは、非常に、恐る恐るであったが、初めて設立した企業がたった二年目で黒字企業になったことで、企業全体が自信過剰になった気がしている。

社内の空気もいつしか、新規事業への挑戦が当たり前になっていった。

公共事業関連企業の夢は、国家予算に左右されない企業の自立であった。

そのために若干の無理があっても、新規事業にその夢を見出だすことが必要だと感じた。

我々の成功した要因は、

①本業に関連する新製品であったこと。
②新製品のユーザーが、本業の製品ユーザーと同一であったこと。
③新規性があり、ユーザーの困っている現状に対応する技術の裏付けがあったこと。
④国家予算が、厳然として公共事業を守っていてくれたこと。
⑤全社挙げての取り組む対象製品が、新製品に絞れたこと。

以上のような裏付けに支えられていたことを、当時は全く分析せず、成功を、私を含め若者たちはそれを自分たちの才能と錯覚したことが、その後の失敗の原因になったものと思われる。

我々が新規事業へ向かった時期は高度成長期で、バブル経済とも知らず、日本がアメリカを追い越したと得意になってゆく時期である。

土地の坪価額は、広大な土地を持つ企業に含み資産大として、銀行も融資には寛大であった。

その後も、いくつかの成功体験が加えられていった。

しかし、我々の成功体験は、「全てユーザーのニーズに応えた製品」であった。

失敗した体験は全て「売る側の論理」、「売る側の美学」が中心で、「ユーザーの真のニーズ」に応えていなかったからである。

「新規性があり技術があれば、成功する」と思い込んでいったのである。

企業も人間も、成功した要因が失敗の原因になることを、私は骨身にしみて知ることになった。

成功した新製品は、高いけれどトータルコストで大幅なコスト削減ができるけれど、失敗した製品の原因は、売る側の論理が中心となっていたのである。

「失われた十年」「第二の敗戦」という言葉を聞くにつけ、私は今「失敗から学ぶ」という姿勢が求められていると思う。

これからの新しい事業展開は、まさしく「失敗の教訓」を基に、築いていかなければならない。

多くの体験を経て、「失敗した要素の分析と教訓」は、「新しい成功への道しるべ」になると信ずるに至っている。

第四節　経営トップへの道と経営者としての責任

私は、いつしか、毎年の経営方針を作りあげてゆく中心者の一人になっていた。

経営者は、私に対し、全社の人事（案）も作るよう指示していった。

私は、自分の出世を捨て、光の当たっていない素晴らしい先輩や才能豊かな後輩を、企業の要職につけるよう進言していった。

上場会社の役員就任の要請を、十年以上断り続け、他の人を推薦し続けた。

私は、少なくとも私が二十七歳の時自分に誓った、「第二回天の生き方」を生き続けようとしてきたのであった。

①正論を吐くこと――「誰が正しいか」ではなく、「何が正しいか」を求める生き方をすること。

②自分のための生き方より、人の幸せ、人の出世のために自分を捧げる人間になること。

③全ての人の個性を生かすこと。
④仕事に死に切ること。

多くの先輩、仲間と必死に生きた三十六年間であった。

思えば、何と素晴らしい年月であったろうか。

長い期間、数多くの苦難もあったが、多くの仲間と共に乗り越えてきた。

仕事以外にも多くの学び舎を共にした。

このような体験を経ながら、若い頃は一番出世が遅かった私が、四十代前半から、次第に企業のトップに登りつめていった。

しかし、バブルの崩壊は、多くの企業に多大な影響を与え、特に公共事業関連企業には、大変な苦難の状況を生み出した。

私の心を責め続けるものは、そのバブルの崩壊を受け切れなかった思いばかりである。

私は、迷いに迷いながら生きてきた企業生活三十六年間であったことを思う。

そして三十六年目に、私は最大の決断を迫られた。

本当に責任の取れる人間であるかどうか。企業を守る思いが本物であったのかどうか。

それが求められ、確かめられたのであった。

数多くの歴史を学び、人間がどう生きるかを求めた。

経営者としての責任の取り方を尋ね続けた。

そして、「信ずる自分の道を歩く」と決意していった。

会社が守られたと思った時、「ホッとする思い」と「私の仕事は終わった！」と感じた。

未来への不安より、会社を去る淋しさより、心から安堵感を感じたのである。

私の全身から力が抜けた。

私は、自分の部屋の椅子に深々と腰を下ろした。

決して悲しみではない深い思いが、私の心を包んでいった。

第四章　「第三回天の時」への渦巻き

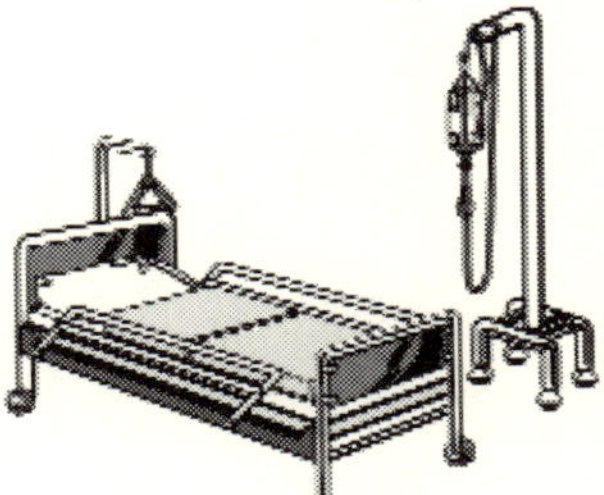

第一節　病に倒れて

突然の脳梗塞

「僕は今、脳梗塞進行中だね」

「誰がですか？」

「僕だよ」

「脳の病気って大変じゃないですか。病院に行きましょうよ！」

平成十四年六月二十七日午前六時二十分。

私が、代表取締役副会長を退任する株主総会出席のための、車の中の幹部社員との会話である。

その前日、会社生活最後の夜の食事会で、少しのお酒で酔い、家路に向かうタクシーの中で、吊り革から左手がストンと落ちた。

酔いのせいと思ったが、タクシーを降りると、足が玄関と反対の右の方に向かってしまう。

それも酔いのせいと思い、自室でそのまま眠ってしまった。

朝五時に目が覚めた。今日が会社生活最後の日。感慨をもって立ち上がった。

ステンと転んだ。〈おかしいなぁ〉と思い、正座をし、シコを踏んだが何事もない。

しかし、足に力が入らない。

階下の居間で、妻に言った。

「見てくれないか。足がおかしいんだ」

「何か変ね。病院に行って下さいね」

「うん。わかった。株主総会が終わったら行ってくるから」

そのまま車に乗り込んで、会社へ向かった。

「株主総会終わったら病院へ行くから、このまま会社へ行ってくれないか」

私は、部下に指示した。

「でも、脳の病気だったら早い方がいいですよ。まだ時間も早いし、応急手当てができるかもしれませんから」

私は、左半身にジーンと痺れを感じ、左指に持っていた煙草がポロリと落ちた。

部下は、もう私の了解もなく、都立府中病院へ向かって、高速道路を下りていた。

自分の足で、病院の中へ歩いて入った。

部下が、事情を説明している間、ソファーで待っていたが、看護師が車椅子を持ってきた。

CTを撮るという。CTの現像ができた頃、私は医師に呼ばれた。問診の後に、

「CTには、まだ痕跡が出ていません。MRI撮影をしたいと思います」

「先生、これ脳梗塞じゃないのですか?」

「わかりません。では外で待ってて下さい」

MRIの撮影には、他の先生の了解が必要だという。

カーテンの奥から、先生の大きな声が聞こえた。

「脳梗塞の患者がいます。MRIの許可をお願いしたいのですが!」

私は、「脳梗塞の患者」という言葉を、遠くに聞いていた。

長い時間待った。妻が、真っ青な顔で駆けつけたが、私の座っている姿と話す言葉に安心したようであった。

しかし、痛みはないが、車椅子の中で痺れて動かなくなった左半身に、株主総会への出席の許可が出ないのを感じていた。

幹部一人を残して、株主総会へ出席のため、他の幹部は会社へ向かうことを指示した。

ＭＲＩの診断の結果、「右の脳に梗塞が見られ、運動神経を直撃しています。左に麻痺が残るでしょう」という話をされた。

「リハビリでどこまで回復するかですが、頑張って下さい！」

ベッドに横になった時、本当に驚いた。

左に倒れたら全く起き上がれない。一週間は点滴だけの生活。

しかし、事の重大さを感ずることもなく、一週間や十日間で治ると錯覚をしていた。

リハビリへの決意を固めた思想と行動

多くの人たちの見舞いを受けたが、心配そうな人たちを反対に励ましている自分がいた。

点滴を受けている一週間の間に、何冊かの本が、友人から届けられた。

「リハビリで、どこまで回復するかです。頑張って下さい！」という医師の言葉が頭の中に鳴り響いていた。

その中に、妻の友人から届けられた神渡良平氏の『人は何によって輝くのか』（ＰＨＰ研究所）があった。

神渡氏は、三十八歳の時、脳梗塞で倒れ、右半身不随になられた。医者に止められるのを聞かず、氏をリハビリに駆り立てたものは、氏が大学医学生の時、大学教授から聞いた次の言葉であった。

「脳溢血、脳梗塞、くも膜下出血などの脳障害は、壊死した部位によって言語障害、記憶喪失、運動麻痺などさまざまな障害が現れる。内臓疾患の場合は手術して悪い部分を切り取れば回復は可能だが、脳の場合はメスを入れることはできない。その代わり機能回復には一つだけ方法がある。それがリハビリだ。

悪くなったところをかばうのではなく、そこをいつも動かして脳に刺激を与え続ければ、壊死した脳細胞はどうにもならないけれども、周辺の脳にある程度までは代替機能を得させることができる。リハビリは早ければ早いほどいい。症状が安定する前に代替機能をつけさせることが大事だ」

この文章によって、リハビリによって壊死した脳細胞に代わって、周辺の脳に代替機能を得させることができるということを知った。

リハビリは、早いほど効果があるという。

私は、大変な勇気を得て、リハビリへの決意を深めていった。

その後、何冊かの本を調べてみると、働いている脳細胞は一〇パーセント程度であり、遊んでいる脳を代替機能として、どう働かせるかがリハビリであることを確認した。

辛いリハビリを通してしか、代替機能を覚えさせることはできない。

脳の代替機能という人間の生命の限りない可能性と共に、人は結局、自らの力でしか人生を切り開けない峻厳な事実を知った。

私は、点滴の治療を終え、リハビリを開始した。

妻に車椅子を押してもらい、リハビリ訓練室の前で待っていた。

初めて見る多くの患者の方々を前に、私は強い衝撃を受けていた。

表情のない、疲れ切っている人たちの姿は、私そのものに思えた。

ほんの一週間前まで、全国を、年に何度かは海外を飛び回り企業の先頭を走っていたのに、歩くことも、自分だけで食事をすることもできない。

身体の左半身は、全く力が入らず、左腕はただのぶら下がった物体に成り下がっていた。

右手で、左手を握っていないと車椅子の車輪に挟まれてしまう。左足も車椅子の踏み台に、乗せておかねばならない。

最初に、教えられたことは、車椅子での立ち座りであった。

右足しか使えない。初めて立った時、私の身体は大きく左に傾いてしまい、先生の助けがないとそのまま倒れてしまうのであった。

平行棒に右手と右足で立ち、左手を平行棒に置いてもらい、左足を出そうとするが、左足は引きずられる肉片でしかなかった。左手は、すぐ平行棒から滑り落ちた。

どれほどの時間を要したのかわからない。

たった五～六メートルの平行棒が、まるで何十メートルの遠さに思えたし、右手は必要以上に平行棒を握りしめ、右足は鋼のように硬直していた。

私のリハビリは、そのようにして出発した。

全身の疲れと、今まで経験のないほどの汗が全身から流れ落ちた。

翌日、私は左足を出したが、全く出ない。動かない。

腰を思いっきり回して、左足をぶん投げる思いで、前に出した。ある時は、右手で動かない足を持ち上げて前に運んだ。

その日から、私は朝早くから、夕方まで訓練場を離れることはなかった。

どんなに右足が痛もうと、右手が馬鹿になろうと、遊んでいる我が内なる脳を働かせるという目的のために、ある時は平行棒に、ある時は廊下の訓練棒にしがみついていた。

しかし、夕方の食事を終え、病室の廊下での訓練は、看護師が、医師の許可がないことを理由に、中止命令が何度も出された。

私は、必死であった。幸い個室であったので、部屋の中で、一人歩く練習をした。

妻が、「リハビリの手伝いができる」という先生の認可が出れば、夫婦だけのリハビリができることを聞き、妻は先生について、リハビリの手ほどきを受けた。

許可が出てからは、かなり自由にリハビリをすることができた。

手の訓練も毎日実施していたが、手の方の進歩は、ほとんど見られなかった。

妻は、朝九時頃病院に来て、食事が終わってリハビリを手伝って、夜八時頃帰宅した。

その頃、私を一番苦しめたのは、妻のいない間のトイレの問題であった。妻がいない間、ベッドから降りることも上がることも、単独ですることが禁じられていた。全て看護師の手助けを要した。

これも、医師の許可がない限り駄目だということであった。

私は、消灯時間が過ぎた頃、必死でベッドを降り、長い時間をかけてトイレに行った。

人間が生きるということ、歩くということ、トイレに行くということ、当たり前の時は考えもしないで行動していることの有り難さを、つくづく感じないではいられなかった。

感情障害が急激に押し寄せる

一週間を過ぎた頃、動かない足を見つめながら、ぶら下がった左腕を右手で握りしめ、妻が来院するのを待っていた。

急に再起不能という思いと、未来への不安が急激な形で押し寄せてきた。

深呼吸ができない。

気持ちが、底のない真っ黒な深い谷底へ、音もなく崩れ落ちてゆく思いであった。

長い時間ベッドの上で、身体を折り曲げながら力なき自分の生命を見つめていた。

妻は、いつもの穏やかな表情で、部屋に入ってきた。

妻は、「今日は元気がないんですね。こんな日もあるわよね。ちょっと頑張りすぎて、疲れたんでしょう？　今日は、リハビリ休んだらいいじゃないですか」

「食堂へ連れて行ってくれないか」私は妻に言った。

私は、食堂の片隅で、自分の息苦しさと強烈な圧迫感と闘っていた。

それは、自分の存在全てに対する自信の喪失感であった。

広い食堂には誰もいなかった。

注文したアイスコーヒーの、氷が解ける音がかすかに聞こえた。

私は、語る言葉を失っていた。

妻は静かに言った。

「あなたは、絶対やれるわ。大丈夫！　一緒にリハビリやりましょう！」

感情障害が、このような形で押し寄せてくるとは思わなかった。

過去の私には、数え切れないほどの苦難が、降りかかっていた。

あの時も、あの時もと、自分が、耐えて生き抜いてきた過去を思った。

しかし、心にこだまする言葉は、〈あの時は、五体満足だった！〉という言葉ばかりであった。

妻との、長い沈黙の時間が過ぎていった。

解答のない自分への問いを見つめながら、〈逃げ出したい〉という思いと、〈今私のできるリハビリをやろう〉という思いが去来した。

その努力の果てに、どのような解答があるかはわからない。しかし、〈いや必ずあるはずだ〉と言い聞かせても、心は沈みゆくばかりであった。

妻の表情を見た。黙って、長い長い時間、私の側に座り続けている。目を軽くつむり、私の思いの邪魔になるまいとするいつもの妻がいた。

私を信じ続け、待ち続けてくれた妻が、また新たな世界を受け切り、なお私を待ってくれようとしていた。

〈私にはできない！　けれど、この妻とだったらできるかもしれない。いや、彼女のために私ができるたった一つのリハビリをやらねばならない。さあ、やり抜くんだ！　立ちなさい！　早く！〉

私は、沈み行く感情とは別に、浮き上がらねばというもう一人の自分の心の言葉を聞き続けた。妻に静かに言った。

「リハビリ室へ連れていってくれないか」

「はい」

私は再び歩き始めた。

それからは、不安の襲来と闘うために、自分の弱さに打ち勝つために、歩きに歩いた。努力という言葉は、相応しくない。何かに、取りつかれたように歩き始めた。

ただ歩くしか、私にできることはなかった。

私が、今生きるということは、リハビリしかなかったのであった。

入院期間は、四十四日間であった。

もっと長く入院を望んだが、病院の都合で、退院するしかなかった。

退院の不安と、もっと病院でリハビリをしたいと願い、他の病院を探したが、府中病院と同等の広い病院はなかった。

外来患者として週四日間のリハビリ通院が許された。

入院中、夜は、本を読んだ。悪くなった目の痛みに耐え、この病気の克服のために、医学的なこと、精神的圧迫感の克服の道を尋ね歩いた。

しかし、病気の状況などの知識は増加したが、私の精神的な解決への道は、なかなか見つからなかった。

夜、眠ると、どす黒い雲が一面に広がり、突然黒い雲が、大きな岩となって襲ってくる。

荒れ狂う波が、巨大な津波になって私を襲った。そのような夢が、繰り返された。

私の潜在意識に潜む巨大な恐怖の心が、厳然として存在していることを知った。

そして、夜中目が覚めると、人生最悪のあらゆる状況を見つめ続け、一晩中まんじりともせず眠らない自分を発見した。私は死と直面していたのである。

私は、夜も真理のテープ、自然の波と音楽のテープなどを聞きながら眠ることを始めた。この病気を機に、私の潜在意識を、変えてしまわねばならないという思いが募っていった。

悪の存在を、心の根底から拭い去らなければ、私は今後の人生で同じことを繰り返してしまうと思ったからである。

そして、テープを聞きながら眠る日々が、それから八カ月間継続されていった。

私は四十四日間の入院生活を終え、八月九日に退院した。

足には、装具を付け、杖をつきながらも歩いて退院した。

歩き方は、身体の反動で足をぶん投げる状況であった。

その頃の障害としては、感情障害以外に、体温調節機能に障害を起こし、冷房などを身体が受けつけなくなっていた。

また、軽い嚥下障害で物を飲み込むことに、障害を生じていた。

私は、自分の一日を①リハビリ通院での六時間のリハビリ②多摩川堤防のリハビリ二時間③手のリハビリ四十分④読書二~三時間⑤テープ八~九時間、自分自身に、課すともなく行動を開始していた。

リハビリ病院の休日の日は、マッサージと自主トレに励んだ。

自分の中に潜む、脳の代替機能を創り上げるために、徹底した行動を始めていた。

歩く力は少しずつ上手になっていったが、手の進歩は遅々として進まなかった。

私は、感じ始めていた。

この障害が、果たして完全に元に戻るのかどうか。それは、不可能ではないかと思い始めていた。

その思いは、私の精神的圧迫をさらに強めていった。

肉体的な障害の克服のみならず、人は自分の過去への清算をして生きねばならない。

私は、自分が責任を取って退社した会社の人たちの来訪を受けた。

責任を取った人間に、その企業への関わりを持つことは、許されない。

会社のためにも行動しないということの自分の決断は、私の精神を根底から打ちのめしていった。

精神的後遺症とも知らず、私は自分の精神の脆弱《ぜいじゃく》さに、打ちひしがれていったのである。

そのような状況の中でも、私の心に、いつも二人の自分が存在していた。

「打ちのめされんとする自分」と、「そこから立ち上がれ！」と絶叫している自分を見つめていた。

私は、〈発症後三カ月で社会復帰する〉という自分の心の中の、声なき声に託そうと思った。

九月二十七日、社会復帰すると妻に宣言した。

それから、私のリハビリは、さらに強烈になっていった。

そして、私は発病後三カ月で、都立府中病院でのリハビリを自ら断念し、新しい世界への出発を決意した。

そして、甘えを許さないために、岐阜へ転居し、新しいリハビリの道を模索し始めた。

その決意を伝えた府中病院の理学療法士の岡田公男先生から次のような手紙を頂いた。

前略

秋らしくなってきましたが、いかがお過ごしですか。

突然の決断で驚いています。

早くから、将来を見つめて行動するという事にとても敬服いたします。

しかし、心配な気持ちで一杯です。

以前のように思うようにならない時の挫折感を上手にかわす、テクニックが必要と思われます。

新しい目標に向かって、人生を散歩する気分で、一時一時を楽しみながら、ゆっくり歩いて下さい。

今までには感じなかった、発見があると思います。

その発見に喜びを感じる人生であればと思います。

長山様の生き方に精一杯応援します。

がんばって下さい。

健闘を祈ります。

草々

平成十四年九月三十日

岡田　公男

長山　弘　様

私は先生の応援に応えたいと心の底から決意していた。

しかし、十月左肩が亜脱臼を起こして、肩から腕にかけて強烈な痛みが一日中続いた。十一月頃から、左手、左足の就寝時の筋肉の硬直が始まり、朝起きると左の背中に強烈な痛みが残り、疲労感の蓄積は、私を苦しめていった。

痛みの中でも、私は努力を止めなかった。

数多くの方々の体験を学びゆく中で、この病気の身体的後遺症はリハビリさえ継続していけば、一年目より二年目、二年目より三年目と、確実に回復することを信じ始めていたのである。

私は、岐阜という新しい世界で、友人たちの励ましと友人の私への願いと共に歩き続けた。

そして十月から岐阜の県立多治見病院と東海記念病院のリハビリに加え、「延命学」の早川喜芳先生の、筋肉構造、人体構造、歩き方、呼吸法などの指導を受け、ひたすら自分の内に潜む自然治癒力という巨人の胎動を願い、祈り続けた。

生きる光を見つめ始めて

私は、発症後六カ月を過ぎて、「重度身体障害者手帳」の交付を受けた。

不思議な感慨であった。

あの歳月は、私に大きな体験を与えてくれた。

強烈な精神的葛藤を受けながらも、苦しさだけではなかった。

全く歩けなかった自分が、装具をつけ、杖をつき、歩き始めた時の感動を、忘れることはできない。

都立府中病院でも、入院中、毎日のように、「今日はいいですね」「本当に頑張られますね。頭が下がります」と声をかけ続けて下さった理学療法士の岡田公男先生のやさしさに、どれほど多くの勇気を頂いたことか。

普段は、静かに患者の声を聞きながら、何も答えられない作業療法士の古田晃先生が、時として「三十年間近いこの仕事で初めて会った人だねえ。あなたの努力はすごいねえ！」「あなたの未来に必ず何かを作られるねえ」「手は、より実用的になるまで、気長にリハビリすることが大事だなあ」とポツリ言われる言葉に、挫けそうになった心が何度癒されたことか。

車椅子での移動の日々は、私の目線に映る世界は、人々の腰以下の世界であった。

自分が、子供に戻ってしまった感覚は、普通の人たちの姿がまるで巨人のように思えた。

私は立って歩くことができるだろうか。

立ちたいと思ったし、もう一度目線を高くして生きたいと願った。

杖で立って外の公園を見回した時、全ての世界が光り輝いて見えた。

花々の美しさに、木々の緑に、人々の表情の輝きに、私は胸が張ち切れそうな感動を覚えた。

病院の廊下で、初めて、一歩を歩けた時のあの喜び。

多摩川の土手を、杖をつきながらも、多くのジョギングの人たちに混じって歩けた時の感動。

心の圧迫感から逃げるように、高尾山にロープウェイで登った時に見た自然の美しさ。

時には歌を歌い、心にスキップをしながら、たどたどしく歩き続けた日々を、私は忘れない。

妻と二人、病院の先生の口マネをしながら、笑いころげたあの楽しさを忘れない。

多くの友人のやさしさに涙したあの日を、私は決して忘れない。

そこには、確かに生きるということの喜びが溢れていた。

この一年半は、私の中に、かくも努力できるかというほどの能力が潜んでいたことを知った一年半であった。

その努力を続けながらも、その成果は願い通りに、遅々として進まなかった。

リハビリの成果は、毎日の積み重ねの後に、薄皮を剥ぐようにしか現れない。

そのために、精神的圧迫感は、容赦なく私の心を責め続けていった。

しかし、私は、リハビリを始めて三カ月目頃からは、私の心の中に、この精神的圧迫をしっかりと受け止め、必ずその意義を見つけ出してみせるという、強い思いを見つめ続けていた。

脳血管障害の後遺症

脳血管障害には、壊死した脳神経細胞の部位によって、いろいろな後遺症が起こる。

壊死した部位と大きさによって、各人の後遺症の差が生まれるが、共通する障害後遺症があり、私の場合、発症後一年半を振り返って、次のような後遺症が残った。
一、機能障害―左手が、ブラリと下がったままで、左足もピクリとも動かず、左に倒れると起き上がれない状態であった。

約一年半のリハビリを経て、ほぼ歩くことはできるようになったが、足首の力などはまだ不充分である。左手は硬直しがちで、生活は右手の補助くらいである。

二、体調不良障害

一年半経過しても左半身が、顔面から舌、手、足の先まで、ジーンと麻痺している。発病後七カ月位まで力のない腕が垂れ下がったままで、その重みで左肩が亜脱臼を起こし、三カ月目位から強烈な痛みが一日中続いた。今はほぼ痛みがない。目の視野が狭まり、目の乾きによる痛みと視力の低下を起こした。身体は疲れやすく、疲れの回復が遅い。常に身体は鉛のように重い。これらの一連の後遺症は、一年半でかなり改善し通常の生活もできるようになった。

三、精神的後遺症

突如としての半身不随状況を受け入れられず、将来への不安、家族への迷惑、自分の過去の清算をできない心などが入り乱れ、自分という存在の誇りの喪失が、強烈な圧迫感として心に押し寄せてくる。

この病を得た八割、九割の人たちが必ず死を連想している。精神的後遺症により死への誘惑が押し寄せる。

脳の直撃は、感情線を襲う。時としての怒りや悲しみなど、自分で自分を信じられないような苛立ちを覚えた。当初は全く動かなかった手足の回復が、発症後三カ月位で急激に回復する。そのため、そのまま元に戻ると錯覚をしてしまう。しかし、段々と明らかになるリハビリの成果の遅さは、さらに絶望の心に激痛を与える。

これらの後遺症が、私を悩ませた。

しかし、この一年半、生き続け、学び続けていく中に、今まで自分が学んできた人間なるものは、「現状のこの自分とは違う！」「もっと素晴らしい自分があるはず」という心が、厳然と横たわっていることを感じ続けていた。

それはまた、私に新しい生への回帰を求めた。

第二節　妻と歩いた人間復権への道（対談）

―妻と共にこのリハビリの一年半を振り返って―

リハビリ開始と生命の感動

夫　リハビリ開始は、入院六日目の七月二日で君の誕生日だった。
リハビリ開始の日、車椅子で訓練場まで行ったけど覚えてない。

妻　でも、リハビリ開始までとても長く感じたわ。
入院後六日目だったけど、リハビリの前に、私の車椅子の使い方の説明からの訓練だったのよ。
私がマスターしないと、二人で車椅子移動もリハビリも許可が出ないのね。

夫　最初は、平行棒での訓練だったね。

妻　足が動かないから、身体で反動つけて、丁度足をぶん投げて運ぶっていう状況だったわ。

夫　食事の時間と毎日の血糖値の血液検査以外は、部屋に戻らなかったね。
でも、その間いろんな検査があった。最初一週間か十日で治ると錯覚をしていたね。

一週間しても全く動かない手足を感じて、誰もいない食堂で急に心に切迫感が押し寄せてきてね。

再起不能という思いと君にこんなに迷惑かけてると思ったら、たまらなくなった。

〈自分はそんなに悪いことをしてきたのか！〉〈何故自分が！〉

深呼吸ができなくなる息苦しさの中で、病に倒れて初めて咽び泣いた。

それが精神的後遺症による抑圧感とは、全くわからなかった。

君は黙って横にいてくれたね。そして、静かに君は言った。

「あなたは絶対やれるわ。大丈夫！　一緒にリハビリやりましょう！」

でも、それから急激に進歩していったのね。支えるバランスがとれるようになって。

妻

何日かしたら先生が杖を貸して下さった。

転ばぬ先の杖ってよく言ったもので、杖一つでまた上手に歩けるようになってね。

その杖で、リハビリの訓練だけでなく、他のところも歩きたくなったのね。

でも、歩き方は相変わらず身体の反動でぶん投げてる感じね。

ある日、黙々と歩いていて突然「ああ踵《かかと》を感じた！」ってあなたが叫んだのね。

〈神経が通った！〉って思ったの。

夫　生命の感動というようなものを一瞬にして感じて、ただ涙が溢れてきたわ。
「踵をつけて」「踵から歩いて！」と先生方に言われていたが、それまで踵が感じられなかった。君の泣きじゃくる声を聞きながら、僕も感極まってね。いつの間にか泣きながら歩いていた。何日頃だったの？　今になってみると早いと感じるけど。

妻　七月十四日ってメモにあるわね。お盆の日だったのが印象に残っているの。指が少し動いたのは、七月二十六日ってメモにあるわ。

夫　動いてビックリしたんだ。それから、足が内反で危ないので、装具をつけてもらって歩いたね。

妻　先生が、リハビリ三十年やっていて、あなたみたいに努力する人は初めてって言ってくれたわね。
朝から晩まで毎日、毎日、一日中「歩く、歩く」ですもの。私も、一緒によく歩いたわね。

後遺症に悩まされて

夫　神渡先生の『人は何によって輝くのか』（ＰＨＰ研究所）の影響は本当に大きかった

ね。でも、精神的圧迫感は、徐々に、徐々に、強く押し寄せてきたのもその頃だった。じっとしていると胸が苦しくなってね。

妻　その圧迫感から逃げるためにも、歩き続けた気がするな。

圧迫感からかしら、夜も「カーテン閉めないで！」って言ってたわ。

二人で、車椅子で、病院の外の公園によく行ったわ。

「空を見たい」「空を見たい」って言うものだから。

夫　小さい自分の存在を見つめるのが嫌でね。

自分の存在というもの、〈人間というものはもっと大きいものであるはず〉、という思いが募ってくる。

小さい自分と今まで信じてきた人間の偉大さとの狭間で、自分がわからなくなってね。

自然に触れていたくてね。心の開放感というものが、自然の偉大さからしかこないものだとわかったんだね。

妻　八月九日に退院することになって、他の病院探しに行ったのね。でも府中病院より開放感のある病院なかったから、外来で、週に四日間通院することにしたのね。

夫　その外来への通院そのものが、リハビリだったね。

けれど、いろいろなことを学んでいくうちに、だんだんこの病気のことがわかってゆく。

たくさんの同病の方々を冷静に見ていると、本当に元の元気な身体に戻る方は少ない。

けれど、ほとんどの人は、元の自分に戻ると信じてリハビリをしているんだね。

僕自身も、同じだと思った。

一度懐死した脳神経細胞は再生しない。そう思うと辛くてね。

胸の圧迫感は、さらに強まっていった。

仕事ができなくなることへの不安。将来への不安が襲ってきてね。

何をやってきたのか。何をやれるのかって。

そんな時、君は二つの言葉を私に残してくれた。

「あなたは、感動的に人生を生きる人だから、この病気も必ず感動に変えてゆくわ！」

「あなた、最後は二人でマンションの管理人でもいいじゃない。私、大工の娘だから何でもやれるわ。生活のことなんて心配してないのよ」

僕は、心の底からの安らぎを覚えると同時に、君の言葉は、僕に大きな光を投げかけてくれた。

なまじっか、企業の会長や社長を歴任してきた人間にとって、本当の人間の内なる価値を忘れてしまっていて、外の形の価値、お金とか、名誉とか、地位とかに縛られている自分を見出だしていたんだ。

心の固まりが溶けてゆくような思いと、自分の形を超えた再起を誓ったんだよ。

そして、病に倒れた日から三カ月目、九月二十七日に九州の父母の墓参りの実行と社会復帰を君に宣言した。


妻　でも、その間いろんなことがあったわ。再起をかけて、住まいを東京から九州へと考えたり、最終的に岐阜に移ることになったり、いろいろな方々が来られてあなたに相談する。

その都度、苦しんでいるあなたを見るのも辛かったわ。

「会社の負債の責任を取って退職したのだから、仕事の話では来ないで下さい！」って心に思ってた。

そして、その都度、精神的に落ち込むあなたを見てて、「いいかげんに自分のこと考えて！」って言いたかった。言えなかったけど……。

夫　リハビリのこと、将来のこと、責任ということ、どこに住むべきかなど解答のないことを見つめながら、焦燥感の中で「九月二十七日、三カ月で社会復帰」という自分の決意を実行しようと思った。

一番辛いと思った時に、ふと、このことは僕という人間に、「何を学ばそうとしているのか」と思ったんだ。

「人生に無駄なことが一つもない」としたら、僕にとって、このことはどのような意味があるのかって。

どんなに辛くても、この病と真正面から取り組んで、「必ず勝ってみせる!」っていう思いが募ってきたんだ。

「今の自分より、学んできた人間の本質というもの」を信じようと思ったんだね。

ただ、この焦燥感や苦悩が、仕事を失った中高年の人で、自殺される方の原因の一部に通じてるのかもしれないと思ったのも事実だった。

社会復帰への道と真の友情との出会い

妻　そして、九月二十七日九州へ行ったのよね。

歩けなかった人が、三カ月で九州の地に立った時、本当に感動と感謝の気持ちで、一杯だったの。


夫　その日にあなたのお友だちと会って、仕事を頼まれるとは考えもしなかったわね。

その三カ月間、昼はリハビリ、夜は読書と真理のテープに聞き入った。

テープをつけたまま眠った日々が、発症後約八カ月続いたね。

人生最後に残るものは、人格の向上しかないと思ったし、この病気をしなければ、人生に大変な間違いをしたのかもしれないと思った。

自分というものを、人生というものを見つめ直す必要性が求められているのだと思ったんだ。

病気になったのは辛いけれど、決して不幸であるはずはないと思った。

僕の友人の渡辺宗行社長から頼まれた仕事は、経営の相談者として、また幹部の教育も同時にするという仕事だった。

でも、仕事ができる状況になくて、何度も断ったんだ。

翌日、もう一度会ってほしいと言われて会うと同じ要請だった。

少なくとも一年間位は、仕事はできないと思っていた。そんな身体の状態だったよね。

しかし、僕の身体の状況の前で、「三顧の礼」で迎えたいという彼の必死の願いは、僕への心からの友情だと思えたんだよね。

人生で一番辛い時、人の本当のやさしさに出会えたと思った。

「わかった。手伝わせてよ」

と言ったら、すかさず彼が、

「では十月からお願いします！」って。

本当は、翌年の一月頃からと思っていたんだ。そのことを彼に伝えた。

しかし、彼は十月からという強い意志を変えてくれなかった。

僕は、大幹部、中堅幹部、若手による「改革委員会」結成を依頼した。

「全員を生かす経営」「知恵と信頼による新事業の創造」を基本に仕事を引き受けることにした。

そして彼の部下であり、「改革委員会」のメンバーの多くの本当に素晴らしい人たちと出会えた。

僕は、この恩を一生忘れない。

他にも、株式会社万越の木下勝博社長から、社長出席の元、若手幹部を含む「幹部教育講座・万越会」の講師を依頼された。

「人生観」や「人間学」に基づいた講座であり、社長はこの勉強会を企業経営の柱にしたいということであった。

ここでも、厚い友情を感じてね。

感謝しつつ、講師の依頼を受けることにした。

また、有り難いことに、ある会社へのお誘いも頂いた。しかし、通常勤務はできないので、丁寧にお断りした。

加えて友人の何人かが、僕のリハビリを手伝わせてほしいと申し出があった。

この一年半その人たちの深い愛情によって、リハビリへ向かう心を失わないで来れたのだと思う。

今思うと、僕の失いかけた誇りを守り、育てて下さったと心から感謝している。

いつか、本格的に仕事をする時が来ると信じてはいたけれど、自分が復帰する日と決めた日に、そのような話があるとは思いもよらなかった。

全てが導かれていて、人生とは寸分の無駄のないものだと思ったね。

渡辺社長の会社へ行って仕事をするのは、一カ月に三〜四日位だから大丈夫だろうと軽く考えていたけれど、十月から後遺症のひとつである肩の亜脱臼が発生して、気が狂うほどの痛みに襲われたんだ。

眠れないし、身体は重いし、手を少しでも動かせば切り落としたくなるほどの激痛が走る。

三~四日の仕事の中で座っているだけで、足はパンパンに腫れ、左手も同じように腫れてしまう。

痛みと辛さの中の闘いが始まった。仕事が終わって帰ると、体験したことのない疲れと痛みに苦しめられた。

特に、十一月、十二月は最悪で、あまりの肩の痛みに、絶叫寸前まで追い込まれた。

頭の中が、破裂するかと思ったよ。

この痛みは、麻痺のために、背筋と腕の筋力が、そげ落ちた結果だというんだ。

その指導を、友人が紹介してくれた「延命学」の早川喜芳先生にお願いした。

早川治療院・院長の早川喜芳先生(名古屋市中区金山一丁目二の二二)の厳しいけれど、本当に愛情深い指導を受けた。

足圧マッサージで有名な先生であり、筋肉構造、人体の構造、神経学も学ばれている先生で、人間の構造、歩き方、筋肉の鍛え方、呼吸法と徹底したイメージ療法で脳を働かせるという指導であった。

「必ず治る」という確信の指導を信じ続けた。

どんなに辛くても、痛みの中で、先生の指導をやり続けるしかなかった。

でも、引き受けた仕事があったから、苦しいリハビリに立ち向かえたと思う。

「行かなければ」の目標があったからね。

しかも、渡辺社長は僕のために高価な薬を送り続けて下さり、仕事に行くとマッサージや針に連れていって下さってね。心から僕の全快を願って下さったんだ。

一年半たって、本当に多くの友人に心から感謝している。

その頃だね。十一月二十二日、君が、東京から岐阜へ引っ越してきたのは。

十一月、十二月は痛みとの闘いだった。

妻　十二月二十七日で丸発症六カ月でしょう。この病気は、六カ月位で大体急性の回復が終わり、安定期に入るというのが常識で、もう目に見える回復は止まるということでしたね。
だから、身体障害者手帳の発行があって、「身体障害者二級第一種」の「重度身体障害者」の認定がなされたのね。

夫　怪我をしたらリハビリができず、リハビリができなくなると、足は「廃用性症候群」になって弱ると指導されていた。

だから怪我しないため、足の装具は離せなかったんだ。

でも、一月にあまり足と手が腫れるから、思い切って装具をはずした。

装具の締め付けがきついと思ってね。

それから、不思議と足が動くようになった。

でも、早川喜芳先生の指導が、本当に正しかったから、常識を超えたんだと思う。

本当に身体の姿勢、体調も急回復してきたのだからね。

それでも精神的圧迫感は、相変わらず自分を責めてくる。段々、これは後遺症であって本当の自分じゃない。必ず克服してみせると思い始めていたね。

負けないために、本当の学びが必要だと思った。

妻　君と二人で、来る日も、来る日も、本屋へ出向いて本を探したね。

退院してから、東京ではリハビリ通いと多摩川の土手を歩いてのリハビリ、そして本屋通いが毎日の繰り返しだったわ。岐阜に来てからも、同じことが繰り返されたわね。

一年半前頃は、心の動揺がモロに出てくるし、病気のせいとわかっても、どうしようもなかった。

でも不思議と、その時、その時に、必要な本と出合って感動してやってきたのね。

見えないけれど、多くの方に救われてきたんですね。

本当のお友だちって何と有り難いかと感じた一年半だったわ。

私の一年半は、先のことを考えるより、その日その日の、その場を生きるしかないと思って、ただ一生懸命だった。

人生観の徹底見直しと、真の幸せを見つめて

夫　一年半前位の僕の心の動揺は、大変だったの？

妻　正直言って、理解はできなかった。

会社のこと、変化の情報が入るたび落ち込む姿を見てて、どうしてそこまで考えなきゃならないのか理解できなかった。

でもそういう生き方をしてきたわけだし、止めることはできなかった。

でも、倒れてから一生懸命二人でやってきたことに、納得できることたくさんあるし、私も、自分でできる精一杯のことをやっているという幸せ感もあったわ。

夫　将来に対する不安はなかったの？

妻　将来に対しては、正直言って不安はなかったわ。

あなたがここまでしゃべれるし、本当に何かやろうと思えばできなくはないし、さしあたりの生活から始めても、それで終わるあなたじゃないって思ってた。

不安は全くなかったと思うわ。

夫　男と女の差なのだろうかね。

妻　そうかもしれないわね。

私はいつも受身だし、いつも待っている状態だった。

ずっと待ち状態で、あなたが「どう動くだろう」「どう動くだろう」と待っていて、あなたまかせで生きてきたから、大丈夫という思いで不安はなかったの。

最終的には、私が働こうと思ったし、二人で一人前でも生きていけると思ってたの。

夫　男と女の違いだね。
けれど、僕を生かしてくれたのは実はこの不安だった
悩みながらも、「こんな不安が本物じゃない！」必ず克服するし、できないはずはないと学ぶ姿勢は、段々強烈になっていったんだ。

不安だったから、学べたんだと思う。

疲れて、ボンヤリとしていても、学ぼうとする意思が湧き上がってくるんだよね。

それと、このリハビリというのは、本当にキツイ！

家族が、よほど協力してくれないとできないと思ったね。

一年半たって、最近の僕の精神状況はどう？


妻　全然違ってしまった。心が平静になって、冷静さを保っているだけでなく、前のあなたの積極的な部分が出てきているわ。

それでいて感情に振り回されていない。

安心して見ていられる。それは大変な変化ね。

夫　それが「障害の受容」ということだと思う。心の不安を感じながら学び続けてきたのは、
①この心の不安はどこから来て、どこへ行くのか――苦しみの根源とは
②リハビリの行動へかりたてるものとは
③現実の直視と「障害の受容」
④回復と新価値創造への欲求

⑤真の価値・内価値の新たなる構築
⑥人生観の根本的見直し
⑦人間と自分の存在ということ
⑧家族・仲間への愛
⑨新しい仲間作り
⑩新しい美の発見
⑪社会貢献への願い

このようなことを、この一年半かけて整理、探求し、自分の心に新しい価値を見出だしたことで、精神的立脚点を確認したと思うんだ。

この病気の体験は、過去の実績と経験の上に、新しい体験を加えている「新しい自分の発見」だと思えるようになった。

新しい自分とは、「本当の自分の生命の甦《よみがえ》り！」なんだね。

本当の自分の発見とは、すでに自分の生命の中にある、完全なる自分の発見なんだ。

身体的には、まだ完全に戻っていないけど、愛とか、決意とか、勇気とか、考えるという生命力が甦ってきたんだね。不用な欲望を捨てた「新たな自分の甦り」なんだよね。

そして、本当の理想を生きるには、このような苦難を越えて初めて、本物に近づいてゆくことなんだとわかってきたんだよ。

この一年半の報告をした府中病院の理学療法士の岡田公男先生から、お手紙を頂いたね。

その中に、障害受容のことが次のように述べられていた。

『長山さんは、私が考える「障害の受容」を、完成されていると思います。
障害の受容に　①新しい人生を踏み出しているか　②失われた機能にあきらめはついたか　③不自由である事に苛立たないか　④障害が恥ずかしいか、などがあります。
②は一生かかっても取り戻したいと思うでしょうし、その事が機能回復への原動力になるでしょう。
よって、これは障害の受容とは、無関係だと思います。

最も重要なのは①です。長山さんは、私が知っている誰よりも早く、新しい一歩を踏み出したと思います。
③については、おさまっては復活し、繰り返しながら時間が自然に忘れさせます。
頑張ることはないです。
④は一生恥ずかしいと思います。誰だって自分の弱い所は恥ずかしいです。
だから、②④は障害の受容とは無関係なので乗り越えようとする必要はありません』

本当に有り難い教えだと思った。

岡田先生と一緒に、歩く指導をして頂いた栗山健先生も元気になったと、本当に喜んで下さって嬉しかったね。

いつも「私の趣味は秘湯巡りなんですよ」と言われて、いろいろお話し頂いたことを思い出すんだ。

心配りだったんだね。

この経験を、他の同病の方以外の人たちにも伝えていきたいな。

妻
この病気にかかった本人も辛いけれど、家族も、現実を受け止めなければならない時が来るのね。それが、不思議と本人と同じような時を経て来るの。辛いこともたくさんあるし、私も、アドバイスまでできなくても、他の家族の方の気持ちだけでもわかってあげられたらと思う。

夫

この体験は、自分の人生の体験のひとつでしかないと思えてきている。どうしても、今の不自由な自分を認めたくない。走って、力持ちで、何でもできた自分以外認めたくなかった。

それが違うのではないかと思い始めたんだね。

この体験をどう生かすか。もっと重症の方がいらっしゃるので、キレイごとは言えないけれど、新しい生き方、価値観を変えた生き方ができるのではないかと思うようになったんだ。

人間には、このような転機を迎えることで、人生の新しい場を作るのではないかと思う。

転機を、不幸ととらえるか、この機会を生かそうとするかだと思う。

この病を経て、自分の中に大きな変化が生まれ始めている。

せっかちで、短気であった性格が、自分でも驚くほど穏やかになってきたし、人生を長いスパンで考えようとし始めている。今まで幸せとは、豊かさだと思い続けてきた。その豊かさを、経済的なことにしか立脚していなかった。もちろん、経済的豊かさが、できるのならやればいい。けれど、本当の豊かさとは、現在の経済的状況に関係なく、人間の尊厳とか真実の愛などに立脚した、真の幸福を作り上げてゆくことなのだと思うようになった。

妻　それが、私たちの理想の生き方につながってゆくものではないかと思う。厳しいと言えば、その方が厳しいかもしれない。現実的には、お金をいっぱいもらって生活する方が楽かもしれないけれど、人生の質の高さを生きようということになれば、楽をすることじゃない気がするわ。それは、形を超えてあなたが理想としていた、できる限り多くの人のために生きる生き方じゃないかと思うの。

夫　それを夫婦で作り上げてゆくということ。それが、今からの本当の仕事だということだね。僕は、病を得て、君の献身的な愛情を、何度も、何度も、身に沁みて感じてきた。人は、これほど人を愛することができるかを、本当に感じ続けてきた。

君を通じて、人間の中にある崇高な愛情というものが、人々を生かし続けてきたのだと思った。

新しい自分を生きる勇気を与えてくれた君に感謝する。

本当にありがとう。


妻　私は、この病気のおかげであなたがどんなに大切かを知らされました。

どんなに尽くしても、尽くし足りないというような、内からの思いが湧き上がってきて、自分の心の無限さも知りました。

とても貴重な体験をさせていただいた気持ちです。

人生って、本当に無駄なものがひとつもないんですね。


夫　本当に、人生は素晴らしいね。僕のこの一年半は、「自分の中の生命の甦り」を感じるためにあったのだと思う。そのことを実感できたことを、最高の宝として生きてゆこうと思ってる。

そして、多くの友人に、一生かけて「恩返し」する人生にしたいと心に誓っているんだ。

どうか、今後ともよろしくね。

妻　本当に、私もそう思います。

これからの人生が楽しみですね。

こちらの方こそ、よろしくお願いします。

第三節　病に倒れて、学び得たもの

不安の根源と新しい人生の誕生

人は、それぞれの生き方の中で、自分の存在価値というものを創り上げてきている。日本国家、地域、企業、職業、家族、友人、趣味等の中で、自分というものを創り上げ、その中で「人本来の幸せを求めて」生きているのが、人生であると思う。

人は、生きている事実を、普段はあまり意識しないで、自分の願いを求めて生きようとしている。

しかし、ある日突然襲った障害という事実が、過去の自分の能力を奪い、過去の実績も全て奪われ、未来への夢を剥奪《はくだつ》されたと感じ、さらに生きる術を失い、生活と人生への力を失ったと感じた時、人は自己の喪失・自信の喪失が急激な形で押し寄せてくる。

人生の幾多の苦難を経験し、立ち直り、新しい自分を見つけ出してきた自分という本体が、根本から崩れ去ったと感じた時、人は絶望の深淵に落とされ、死への願いすら持ち始める。

苦しみや不安の根源とは、その苦難や障害が自分の存在価値を否定すると同時に、家族や社会への重荷になってしまうことへの申しわけなさに起因し、自分の再起不能という恐れは、生きる勇気を喪失してゆくのだと思う。

私は自分の不安の根源を見つめ続けながら、人生や運命に、何故「転機」があるのか考え始めていた。

このような状況は、「意味なく訪れるものではない！」という叫びが心の中でこだました。

多くの過去の歴史は、人間の運命の中で「転機」という時を、「絶望の中に生きた人」と「希望と努力に転化した人」の歴史だと思った。

私の不安の根源は、私という人間の価値が、障害によってなくなってしまったのか、そのことを、どのように見つめ直すかにかかっていると思った。

一年半私は、多くの書を求めた。そして、思索を続けた。

その中で、特に私に影響を与えた書が二冊あった。

ひとつは、『心が動く』（荘道社）の中で、森山志郎先生は、『過去を捨てるのではなく、それを生かしながら新しい能力を開発する方法、それによって自分の誇りを取り戻す方法が大事である。人間は誇りさえ取り戻したら、障害の現実を認めることに、精神的な抵抗はあまりない。誇りを取り戻した人間は、新しい生き方ができる』と語られていた。

私は、障害を受け、過去の全ての仕事も失った。

健全であった身体と、自分の過去の清算を、どのようにしてゆくのか、苦しい日々を送っていた。

私は、自分の不安の根源を見つめていた。

この苦難や障害によって、自分の存在価値が、否定されているのかどうか。

私は、障害のために、前のように行動できない自分への、心理的苦痛を感じている。

行動できない自分を、行動させる道が必ずあると思った。

それは、行動できる人と共に生きるということだ。

「自分の欠点は、他の人の長所を生かすためにあり、自分の長所は、他の人の欠点を補うためにある」という学び続けてきた思想を、今こそ、自分の生き方の柱にする時だと思った。私の長所は、必ずある。それを整理して見つけ出し、他の人のために捧げ続けて、生き抜くことだと思った。

「人を生かす生き方」とは、自分を生かし、他の人のために自分を捧げ切る生き方だと深く思い定めた。

次に、私は、用なし人間になってしまったかどうかを考えた。

家族にも、多くの仲間にも、迷惑ばかりかけてきた。

精神的圧迫の中で、死への誘惑に駆られる時もあった。

そんな時、ただ私のために捧げ切る妻の姿があった。

今も、変わらぬ友の熱い友情があった。

一番辛い時、私の息子を友人が食事に誘ってくれた。

そこで、友人が息子に尋ねたという。

「君の尊敬する人は、誰なの？」

息子は、断固として答えたという。

「父と母です」と。

家庭も、振り向かぬ父であった。自分勝手な父であった。自分の美学故に、職も失った。どんなに、不安であったろうか。

その息子が、断固と答えたと嬉しそうに友が、私に伝えてくれた。

その話を聞いて、娘も「私も一緒」と言っていることを妻伝えに聞いた。

私を、リハビリに駆りたてる、大きな大きな力となっていった。

家族の私に対する〈生きて！　生き抜いて！〉という声なき叫びを、聞いていた。

私は、生き抜いて、少しでも家族を守り、友情に応える生き方が望まれていると思った。

その私が、これから先どのように、生きていくべきかを考え続けていた。

私に、誇りを取り戻す生き方を、探し出さねばならない。

私は、思索を続けた。

この転機を、「希望と努力に転化する生き方」とは何かを考え続けた。

『回生を生きる』（三輪書房）の中で、脳梗塞で倒れられた鶴見和子先生は、リハビリについて次のように語られていた。

『誰でも、何年か生きてきた人は、資源が埋蔵されている。それからその前に、ＤＮＡがある。

自分の祖先のＤＮＡがずっとある。

それから、自分が生まれて後に学習した知恵、情報、文化、それから技芸、全ての物が埋蔵されて資源としてある。

それを使わないで死んでしまうことが多い。でも、この病気になることによって、それを発掘する。つまり、外からの刺激よりも、自分自身の中にあるものにとても関心が向いてゆく。

そして、リハビリテーションを通して新しい象《かたち》に配置していく。新しい象を創造してゆく。リハビリテーションは、「創造」だと思う』と。

また同書の中で、上田敏先生は、リハビリテーションについて、次のようなことを語られている。

『実はマイナスを持っている人間が、たくさんのプラスを持っている。それを引き出すことで、マイナスを克服できる。

その意味で、リハビリテーションというのは、「プラスの医学」なんです』と。

リハビリを、やり続けながら、心の圧迫感を拭い去れない根源は、どこに起因しているのだろうかを考え続けた。

それは、自分の可能性や、はっきりした目標が、見つけられない苦しみに他ならない。

では、人間の生命の尊厳を奪うほどの力が、この障害にあるのだろうか。

母を思った。

今の私の身体の状態が、どうあろうとも、私に強く生きることを願い、望むだろうと思った。

この一年半、私は、自分の中に「努力」という力があることを知った。

それを、リハビリを共にしてきた多くの方々の中にも見つめてきた。

その力を、今度は、「自分の可能性を見つける」という方向に向けなくてはならない。

私は、自分の可能性を見つけるということに踏み出せない人の心を思った。

それは、発症以前の自分に、戻りたいと願っているのは、決して身体的復活のみではなかった。

仕事にも、自分を取り巻く社会にも以前と同じように機能する元の自分に戻りたいという願いを捨て切れないのであった。

一度得た栄光と自分の全てであった過去との訣別は、自分の否定とも、繋《つな》がる思いに駆られるのである。

しかし、人間には転機（回天）というものがない限り、新しい世界に踏み出すことはできない。

会社が倒産し、退職せざるを得なかった人が、新しい成功を収めた人を知っている。

プロの世界で一度は挫折した人が、見事に再起を図った人を知っている。

歴史も、数多くの転機の繰り返しなのだと思った。

自信とは、行動をして、その成果の積み重ねでしか生まれないとしたら、小さくともいい。

私は行動を開始する心が求められていると思った。

踏み出せない心とは、元の自分と比較する心であった。

人の悲しみや苦悩は、元の自分や他の人との比較する心から生まれる。

だからこそ、自分のできる新しい世界を創り上げなくてはならない。

過去もない！　元の自分もない！

新しい自分、この身このままの自分が、今立ち上がるのだという思いがなければならない。

障害を得て、人の悲しみを知った。

人のやさしさや思いやりの偉大さを知った。

生きる峻厳さも美しさも知った。

過去の自分の能力や成果は、潜在意識にきっちりと格納され、微動だにせず残り続けている。

古い私に、新しい私が甦っているのである。その私が「希望と努力」に転化するのだと思った。

障害を得て、障害以前より素晴らしい自分と出会い、仕事を通じて、偉大な人生を生きる多くの人たちを私は知った。

人間に転機（回転）というものがない限り、人生の膨らみも面白みもないのかもしれない。

森山先生の言われる「過去を生かしながら、新しい能力を開発する方法によって、自分の誇りを取り戻す」ということと、鶴見先生の言われる「全ての人に埋蔵資源があり、リハビリを通じて発掘し、新しい象に創造してゆく」という考え方は、結局「自分自身の中にある無限の可能性を引き出す」ことで、この障害の意義と、人間の誇りを取り戻すことに言及されていると思った。

人間が障害や苦難に出合った時、立ち直れる根源とは、「自分の新しい価値観を見出だす」か、「埋蔵されている無限の可能性から新しい能力を引き出す」ことで、自分の誇りを取り戻し、立ち直れることができると確信するに至った。

上田敏先生の「プラスの医学」という考え方は、全ての病の治療は「プラスの医学」であるべきと感じたと同時に、人生のできごと全てが、「その後の人生のプラス要因」であると感じた。

そして、この病を得て「不安の人生」は本来存在するものではなく、「全て輝く人生」のために存在すると思った。

そして、輝く人生を生きるとは、「輝くための全ての力が、実は、自らの生命の中に完全に埋蔵されていて、それを発掘することが、本当の自分の甦りであること」を発見していったのである。

若干不自由な身体ではあるが、「生まれ変わった新生の私」のみがそこに誕生していたのである。

人間の尊厳を守る—リハビリの行動へ駆りたてるもの—

障害に合った人々は、多くの方々がリハビリに熱中する時期を経験する。

それは、人間の生命というものと直結している。

生命は、生きることに使命を持ち、生命を、継ぎ続ける願いを持つ。

その「いのち」という厳粛な事実に対面する。

次に、「いのち」の表現として人は生活し、生活を通し人生を形作ってゆく。

生活の源となるべき元の自らの身体へ戻ろうとする願いは、生命の生き切りたいとする願いに直結する。

動かない手足を否定し、健全な自らの過去に向かって、激しい願いに駆り立てられてゆく。

生きるとは、立って歩くこと、言葉で心を伝えること、そして目で見て、手で触ってゆくことだと強烈に感じてゆく。

そして生まれながらにして、人間に与えられた機能回復が「人間の尊厳の復権だ」という思いが、人をリハビリに駆り立ててゆくのだと思う。

私はリハビリへ向かう自分の強烈な思いが、人間の尊厳を守るためだとわかった時、自分の人生で、これほどの努力をした経験はないという思いまで、自分を駆り立てる根源を知ったのである。

本当に生きるとは、人間の尊厳を守ることだと、心の底からわからせていただいたのである。

真実の価値の創造―「障害の直視」と「障害の受容」―

私の場合、障害を得て、自分の人生でかくも努力をしてきたことがあったかと思えるほど、努力をしてきた。ただ、人間が生きるために「歩く」「手を動かす」という当たり前になるために……。

過去のさまざまの努力とは、当たり前の自分が、さらにいろいろな面で現状より向上するための努力であった。

しかし、この一年半は当たり前になるための努力であり、しかもその進歩は遅々として進まない。

壊死した脳神経細胞が甦ることはなく、周りの遊んでいる脳細胞にリハビリにより代替機能をさせてゆくのであるが、完全な代替機能をさせることは、ほぼ不可能に近い。

しかし、自分の中には、過去の完全な機能を知っているだけに、完全復活を望み続け、自分の現実を見ては悲嘆にくれてゆく。

私もそんな一人であった。

当たり前になること位、当たり前だろうと。

しかし、「精神的後遺症」は容赦なく強い圧迫感、焦燥感、絶望感を伴い、多くの人々を苦しめてゆく。私はこの「障害の受け取り方」は必ずあるはずといろいろな書を求め続けた。

『心が動く』(荘道社)に出合った。

その中で、「障害の受容」という項目に次のように語られていた(同著六六頁〜六八頁)。

『「死の受容」とは、「安らかに死が来るのを待つ」に対し「障害の受容」は「もう一度この姿勢で戦うぞ」と立ち上がらなければならないのだということ。もう一度、自信を取り戻し、何かの武器を手に入れ、再び立ち上がって戦う姿勢が求められる。だから、自分の努力で治そうと思っても、少しも治らない手足を見つめて「これは一時的な障害のはずなのに」と、見通しのないまま出口のない迷路に踏み込み、病院のリハビリ治療やマッサージなどに通う人が多いことになる。

一日も早く残された機能を基本にして、新しい能力を身につける工夫をする方向に、切り替えねばならない。

人間としての誇りを取り戻したら、手足が不自由なことは、個性の一部として考えられるようになる』と語られていた。

私自身もまた、「出口のない迷路に踏み込んでいる」と強く思えた。

その瞬間、機能回復は続くのだからリハビリは続けるけれど、もう一歩進んだ生き方が求められているのだと思った。

「出口のない迷路に踏み込んでいる」という言葉は、私の迷いを根底から、吹き飛ばすほどの力を感じた。

私に残された機能がたくさんあった。

考えることも話すこともできる。若干不自由な手と足を生じさせたにすぎない。

その私が、自分の可能性を見出だすためには、行動を始めなければならない。

何に目標を置くのか。行動計画はどのように作り上げるのか。

私は、過去の自分の行動と、これからの生き方を考え始めた。

しかし、第三回天の時を迎え、私には過去の失敗を繰り返すことはできない。過大な期待も禁物であるが、自分の人生で、一番豊かな光り輝く時を創り上げたいと願った。

それには、何が起ころうと、決して、揺るぎない精神で生き続けなければならない。その精神こそが、この障害の精神的後遺症から、脱却する力であると信じた。

それは、私にとって新しい価値観の確立の必要性を意味したのだと思った。

今までの私の思想、知識、体験に新しい若干の障害という体験が加えられ、「真の価値観の確立」を、「人生観の根本的見直し」を迫られていった。

この病を得なかったならば、私の人生でいつ、人生を根本的に見直す時を迎えることができただろうか。

人間の存在価値の素晴らしさをもっと深く知ること、愛というものの深さ、自然の美への開眼など、今まで外についた価値（地位とか、名誉とか、お金など）ではなくて、自分の中にある真実の価値・内価値というものが、どんなにたくさん埋蔵されていたかを見つめ直していった。

そして、人間の使命、愛するということ、社会貢献などの自らの中に潜んでいる本当の願いと思いを深く尋ね、新しい自分を創り上げていこうと決意し実行していったのである。

そして、「新しく創り上げた自分」を、多くの人のために捧げたいという願いに至ったのである。

ここに私は、この一年半の懸案であった「障害受容」という課題が、実は、「人生の受容」、「自分自身の受容」であったことを見出だしていったのである。

第五章　生きるために、学び続けてきたもの

第一節　人間は、何故幸せを求めるのか

人は、「幸せになりたい」と誰もが思っている。私も幸せを求めて生きてきたし、今もそう思っている。

私の若い頃の夢は、〈白いご飯を、お腹一杯食べてみたい！〉という願いであった。

お金さえあればと、裕福な家族を見れば、羨ましく思い、自らの境遇を事実以上に悲しんでいた。

しかし、その願いは達成されれば当たり前になり、更なる美食を求めた。

しかし、裕福な家庭が全て幸せとは限らない。

財産争いをして、家族に調和さえあればと願っている家族を数多く見てきた。

大成功した企業人が、一層大なる企業拡大を求めた。

歴史的な事実として、際限なく権力を求めた過去の英雄たち。

欲望は際限なく脹らんでゆく。

何故我々は、際限のないものを求め続けるのであろうか。

偉大な成果を上げた人々に、多くの人々が感動し賞讃の声を上げる。

一方、成果という現実的な形ではなく、「激しい情熱」、「悲しいまでのやさしさ」、「何にも負けぬ信念」などに、我々は感動し涙する。

それは、人間の心の中に、「一層高き自分の理想」が存在していて、その理想に触れた時、感動という思いになってゆくのではないか。

「低き自分が、高き他人を感ずる」ことはできない。

全ての人が「無限の高き理想」を心の中に有し、それを求めて仕事にも家庭にも、自分の個性の確立にも、人生全ての事柄に必死に生きようとしているのだと思う。

無限は、どこまで行っても限りがない。

人間は誰でも、無限の進歩に対し欲求を持っていて、その力が人類の文明・文化に結びついているのだと思う。

その理想とは、一人一人の個人が持つ、その人でなければならない「個性の確立」という理想と多くの人々の「共有する理想」が、含まれる。

「個性の確立」という理想は、全ての人間が自由であり、誰とも比較することのできない、絶対的存在であるということだと思う。

自分は自分でありたいと願う心は、実は全ての人々に共有する理想とも言えるであろう。桜が桜であるように、梅が梅であるように、草花は花の生命をその個性の通りに生きてゆく。

人も、その人の個性をその人らしく花開かせることが、「個性の確立」ということである。

では、多くの人々の「共有する理想の状況」とは、どのような状況であろうか。

それは、「心のやすらぎの世界」と言えるのではないか。

「信念」といい、「信頼」といい、「積極性」といい、「美しき愛の世界」というものの全ては、「心の平和の要素」となるものであり、「憎しみ」、「恨み」、「嫉妬」、「取り越し苦労」などは全て「恐怖の範疇」に入るものである。

全ての世界は、移り、変わり続けてゆくが、人は永遠に変わらぬ「心のやすらぎの世界」を求めて生きている。

それが、人間が幸せを求めて生きていることであり、「心のやすらぎの世界」が無限である限り、我々は無限の幸せを求めて生きる。

全ての人間の心の中に、「共通するやすらぎの世界」を有していることが、人は「本来幸せを有している」ということである。

「人は本来の幸せを求め続け、自分の個性を花開かせるために生き切ることが、人間が人間たるゆえんである」ということができると思うのである。

第二節　人間の弱さの原因――劣等感の克服について

私は、小さい時から劣等感の固まりであった。

小さい頃は、出生故に「汚い人間だ」と言われ、畳に上がることも一緒に食事することも許されなかった。

その差別は、私の心に強い劣等感を植え付けていった。

着た切り雀の服は、いつも色の違った布の継ぎはぎであった。

弁当も持ってゆけないことの方が多く、たまに弁当を持ってゆくと、麦ばかりのご飯に、青い塩梅が一個のっていただけであった。

他の裕福な家庭のように、白米の弁当と玉子焼きのおかずを一度でいいから、持ってゆきたいと思った。

私は、靴を持っていなかった。一年中、ゴム下駄で過ごした。

ゴム下駄ではなく、ゴムのシューズがほしいと思った。

思春期になると、私は自分というものを意識し始めた。

それは、自分というものをどう他の人の中で表現するかであった。

当時の小学校は、宿題を忘れると廊下に立たされ、遅刻するとやはり立たされた。

毎朝、新聞配りから帰り、食事の支度をし、掃除をしてゆくと、いつも遅刻になる。

立たされるのは、一回でいいと思い、授業を聞きながら宿題の問題集を処理した。

間に合わない時は、家で宿題をしなければならない。

しかし、その時は電気を消される。

仕方なく、家の電気が消され、両親が寝静まった頃、そっと抜け出し、外灯の下で隠していたミカン箱を取り出し、宿題をした。

小学校は、いつも成績はトップであった。

しかし、心に残る劣等感は、成績などで消えるものではなかった。

友人の何でもない言葉や態度に、すぐ切れて喧嘩になる。

劣等感は、人を責めるか、自信喪失になり、自分に戻ってくるかのどちらかの道を辿る。

時には、人を恨み、憎み、人を責め、時には絶望の淵に、自分を死の誘惑に追い込んでいった。

劣等感は、長い間私を苦しめていった。

自分があまりにも小さい存在であるという思いは、他に対して、恐怖心を感ずるほかはなかった。

自分への劣等感は、全てに対して自信のない生き方になってゆく。

しかし、自信がないはずの自分の中に、自分の価値を認めてほしいという願いが、厳然として存在していた。

それが、自分の深層に潜む人間共通の素晴らしい実在と個性の叫びとは知らず、ただ現実的な自己顕示欲として、見栄を張った生き方をしていた。

自信のない根本原因は、幼い時から植え付けられた自己否定と愛の欠乏であった。

そして、自らの失敗に過大に与えられた叱責であったと思う。

ただの一回の失敗に十回叱責を受け、百回自分の心の中で失敗を認めていたか、認めたくないために百回言いわけを繰り返していた。

成長して、その劣等感は、簡単に、自惚れという優越感に変換する種類のものであることを知った。

少しの成功に有頂天になり、脚下照顧を忘れる。

悲しい自慢話と、根無し草の理想という夢物語につながっていった。

人間が、他との比較の世界で生きている限り、あることで自分が優れていれば優越感となり、自分より強きものに対しては、劣等感で苦しむか、卑屈になってゆく自分を見つめていく。

しかし、その自分をどうすることもできない。

人間というものの存在が、誰とも比較することのできない世界で、たった一つの尊い生命であり、絶対的存在であることを知るまでは、劣等感を克服できない。

そして、成功した事柄を素直に分析する時、自分をあらしめてくれた数多くの方々への存在に気がつく。私一人では、何もなし得なかったものであった。

その成功に連なる環境、人々などへの感謝という世界に到達しない限り、いつか必ず失敗という結果を生み出してしまう。

その失敗を自分の劣等感に結びつけないで、次の成功への教科課程と考え、その原因をしっかり分析し、正しい生き方に変えてゆく姿勢ができた時に、人間が生まれながらに持っている、他と比較することのできない自分の尊厳に目覚め、劣等感を克服できるのだと今は信じている。

そして、真に自信を取り戻す方法は、「毎日小さい成功を積み重ねてゆくこと」だと思う。

今日やると決めたことを必ず実行する。

何でもよい。自分の心の中に小さい成功を積み重ね、自分が自分を誉めてあげる生き方こそが、真の自信の確立につながっていく。

その生き方を私自身に、今からも常に語り続けていきたいと念願している。

第三節　人生体験からの教訓

同じ境遇で、人によって、幸・不幸が存在するのは何故であろうか

私には、兄弟姉妹が大勢いる。

私の境遇から、ひとつの家族の兄弟姉妹ばかりではなく、複数の家族の兄弟姉妹である。

しかし、ひとつの家族の兄弟姉妹で誰一人として、同じ性格の人がいない。

同じ境遇で、同じ父母の教育を受けながら、全く違う性格が生まれ、境遇の受け取り方が、何故こうも違うのかと不思議に感じていた。

境遇が同じ世界にいながら、何故、幸せになる人と不幸な人が生まれてくるのか。

私は、若き頃、「自分だけが何故こんなに不幸なのか」と、父母を恨み、世の中を憎んだ。


しかし、私の悲しみと感じていたこと、苦しみと思っていたことが、今では何よりも大切な思い出となり、その体験の意義深さに深い感慨を抱いている。

悲しみの奥に、厳然と存在する「愛」という究極の力を知ったことの凄さ。

苦しみの奥に生きることの峻厳さを知り、その峻厳さは、人生の多くの課題へ立ち向かう強い心・信念を深めてくれた事実。

人生の体験は、激しく苦しくとも、全てその人にとって、絶対必要な生きる課題であるということを、確信にまで至らせてくれている。

同じ境遇で、幸・不幸の人がいるという事実は、何を物語っているのだろうか。

それは、境遇が、幸・不幸の根本原因ではないからではないか。

企業の経営者に対し、「企業は、経営者の器以上には、決して大きくならない」と言われている。

それは、企業経営だけの問題ではなく、全ての人の人生に、当てはまるのではないだろうか。

人生が、その人の「心の器以上」にならないということは、人生の苦難の体験は、その時の、その人自身の「心の器の限界」を、知らせてくれているものだと言えるのではないか。

つまり、境遇に現れる幸・不幸は、全てその人の心の器で受け切れるか、受け切れないかの問題であって、誰の責任でもない。全ての人生の問題を解決するために、自分がどのように捉え、どのように対処できるかという、自分の心の器の問題ではないかと思うのである。

全ての人生の課題に、自分が、どのような考え方・生き方ができるかの問題だということだと思うのである。

自分というその時々の人格（心の器）が、人生のその時々の課題に、どのように向かって生きているかの証が、我々の行動である。

このように考えると、全ての人生体験や幸・不幸の全てが、その時々の自分の人格の開拓状況を知らせてくれる真に教訓的なものだと言うことができる。

苦難に立ち向かって、その解決ができた時に、自分の中の開拓されていない無限性を知ってゆく。

自分が愛に傷ついた時、今まで気付かなかった愛に傷ついた者の悲しみを知る。

自分が幸せと感じた時、自分をかくあらしめてくれた父母をはじめ、多くの方々への感謝と謙遜が生まれる。

我々は、人生体験を通じて、未来へ向けて自分の心がどうあるべきかを知ってゆく。

そして、素晴らしい人生を創り出すために、自らの生き方と、その確信を求めて、「より正しい思想・考え方は何か」ということを学び始める。

人は、人生体験を深く見つめながら、自らの心に、勇気と、忍耐と、向上心と、明るさと、希望を持つ人間へと努力し始める。

人生は、自分の心から発し自分に戻る。

播いた種以外の花は、咲かないのである。

そして、再び自分が創り上げた心の器以上の事柄が、自分の環境に現れた時、悲しみや苦難となって現れ、その人の心のあり方が問われてゆく。

そして、人は新たに自分を見つめる機会を与えられてゆく。

全ての人生体験は、結局その人にとって、その人格を作り上げてゆく大切な機会であり、自分を深く見つめるための教訓と受け取るか、自分は不幸だと受け取るかによって、その人の人生の幸・不幸が作り上げられてゆく。

人のせいにしたり、世の中のせいにしたり、外部要因に、不幸の原因があるとする人は、自らの心の器は豊かになりようがない。

心の器を豊かにしない限り、同じ種類の不幸が、形を変えて繰り返されていく。

反面、人生は、逃げ出すことも、妥協することもできる。

私は、自分の心を変えられないために、同じ種類の問題に繰り返し打ちのめされてきた。新しい自分に生まれ変わるために、血ヘドを吐く思いで、古い自分から脱却しようと生きてきた長い年月であったと思う。

しかし今は思う。全ての私の体験は、私を打ちのめすものではなく、私の生命の中から、全ての人が持つ人間の素晴らしさと、潜在的な能力を呼び戻すものであったと感じている。

その力は鍛えれば鍛えるほど、強く豊かに成長してゆくものであり、全ての人に例外なく与えられている「無限の心」という宝庫の中にあった。

しかも、人間は全て個性的で、同じ人間は一人も存在しない。

花には、バラもユリも桜もあるように、花の生命は同じでも、全て個性豊かに咲き乱れる。

人もまた、全く違った個性を咲き切るために、それぞれの体験を通して、自分というものを知り、その人らしく完成させてゆくのである。

天然の美に目覚めて—自然から学び得て

人生体験は、自分の中にある「新たな生命の甦り」をもたらす。

自然の美への開眼であった。

脳梗塞を経て、視る世界が変わった。

平成十四年六月、私は脳梗塞で倒れ、左半身麻痺になった。

その秋、リハビリや病気の後遺症によるいろいろな苦しみの中で、名古屋から岐阜に通ずる愛岐道路を車で走った。

岐阜の山並みが、見えてきた。

川のせせらぎと、山並みの紅葉の美しさに、私は胸がいっぱいになった。

自然の美しさを見失っていた、私の今までの半生であった。

名状しがたいこの美しさを、こんなにも美しいと思っている自分に驚き、感動したのである。

その時私は、これが「神その造りたる、諸《もろもろ》の物を視たまいけるに、甚《はなは》だ善かりき」の世界だと、心の底から思った。

その紅葉は、秋深く散りゆく姿である。

近くに行けば腐っている木、枯れた葉がたくさんあるだろう。

けれども、この美を造るために、どのひとつもかけがえのないものだと思った。

私という人間も、かけがえのない存在であるはずだと思えてきた。そう思うと、悲しみとも思えるその一本一本の木の枯葉が、とてもいとおしく、大切なものに思えた。

そして、枯葉が下に落ちてゆく――。それは、悲しい物語のようではあるけれど、それを自分の栄養剤として、来る春を待ち続け、冬の木枯らしにも耐える力を養っていることを、今更ながら驚きの思いで、見つめていた。

一年耐えた時、以前の自分より成長し、人として完成していくように、ただそれを信じて、大地に全てをまかせて、今ある環境に真剣に生きている、あの「四季の草木のような生き方をしたい！」と私は思った。

この病が、必ず来るべき人生の力となると思えたし、私の過去のできごと一つ一つが、私という人間の人生の美に連なってゆくと信じたいと思ったのである。

現実世界は移り変わるもの。

しかし、その中でより強くより逞しく生きるために、厳冬の中にも、自分の根から、栄養と水分を吸収し続ける草木の生き方こそ、人本来の生き方ではないかと思ったのである。

自然という豊かさは、何と奥深いものであろうか。

私は、与えられた人生を何も語らず、生き続けている自然の美の中に本当の生き方を発見し、圧倒される思いで立ち尽くしていた。

第四節　人間の行動力の源となる生き方とは

「人間の欲求五段階説」と「働くということ」

私は、若き日の闘病中に、心理学者・マズローの「欲求五段階説」を知った。

マズローの発表した「人間の欲求五段階説」とは、人間の中に潜む願いが説かれていた。

地球上には、実にさまざまな人たちが生きている。

しかし、同じ人間であっても、生活環境によって、抱いている欲求がかなり異なるのである。

これらの環境によって変化する人々の欲求の問題を、心理学者としてのマズローが研究し、体系的にまとめてくれたのが、「マズローの欲求五段階説」である。

まず、五つに分けた段階を初期の段階から順に列記すると、

①生理的欲求の段階
②安定欲求の段階
③社会的欲求の段階
④自我の欲求の段階
⑤自己実現欲求の段階

となる。その意味を念のために順を追って簡単に説明していくと次のようになる。

①生理的欲求の段階

人間の欲求段階といっても、この段階は動物でも基本的には同じ欲求を持っている。

生きるために、最低限の食料がほしい、あらゆる危険から身の安全を確保したい、暑さ寒さから身を守りたい、雨露をしのぐだけの家屋がほしい、種族保存のための性的欲求を満たしたい、などである。

つまり、人間が生存していくための最低限の欲求段階である。

そして、人間の知恵と努力で、ある程度この段階を克服できるようになると、人間はもう一歩高い欲求を持つようになる。

②安定欲求の段階

食料、安全、衣料、家屋、性欲などの一次欲求、さらに、それらを充足させるために必要な収入を加え、人間はそれらの生理的欲求を、その日その日というのではなく、安定して確保したいという希望を持つようになる。

ある程度の貯金をしたい、食料の貯蔵をしたい、風雨に耐える丈夫な家がほしい、よき伴侶を得たい、子供がほしい、安定した会社に勤めたい、などである。

③社会的欲求の段階

人間は一人では生きられるものではない。

とにかく、ある程度安定して生きるための条件が満足されてくると、次は、好ましい家族の関係、人間集団としての会社に帰属することによる種々の人間関係、職場を離れた場での友人関係、地域社会との連携など、自分自身および自分の家族を生活の中心にしながらも、一方で、他の多くの人たちと連携を保ち、仲間を作り、みんなで力を合わせて共通の敵に当たり、喜怒哀楽を共有したいと思うようになる。

④自我の欲求の段階

この段階から、ほぼ人間固有の欲求になる。

要するに、自己主張、自己顕示欲求である。人間は、自分の存在をあるいは自分のやったことを他人に認めてもらいたい、知ってもらいたい、という欲求はかなり強いものである。

「意地を張る」という現象も、結局は自分を他人に認めさせたいという気持ちに通じるものであり、「おれは他の人と違うんだ！」という自己主張の一つの表現である。自我の欲求そのものである。

⑤自己実現欲求の段階

マズローは、この段階を人間として最も次元の高い欲求と言っている。③の段階、つまり、社会的欲求の段階までは、自然界の動物の世界にも見られる現象であるが、この自己実現欲求というのは、人間のほかには見られないものである。

したがって、地球上で、人間が他の動物を圧倒してしまった根源は、この部分の有無の違いによるものであろう。

要するに、人生の幾多の分野を問わず、「自分が、自分で挑戦に値するテーマを見出だし、目標を定め、全力でそれに挑戦し、結果も自分で評価し、自分らしさを実現した感動と生き甲斐を味わう」という表現が、最も的確に「自己実現」なるものを表していると思う。

言い換えると、①〜④段階までの欲求を満たした人間は、飽くことのない欲望を何に見出だそうとするのか。

一言で言えば「真に、価値あるものの実現に対する、自分の可能性」への挑戦である。

また、この〝挑戦〟は個人的満足に止まらず、それよりも社会に、多くの人々の幸福に、何らかの形で貢献できる仕事の中で充足されることを求める。

人間とは、常に一層高き進歩に向かって、進み続けるものである。

つまり、人間は「無限進歩への欲求を、自己の内に宿している」ということであった。

私は、何度もマズローの欲求五段階説を読みながら、自己実現欲求の段階を考えていた。

自分の可能性への挑戦とは何か。

特に、社会に何らかの形で貢献できる仕事の中で、充足されることが、最高であるという考え方は、具体的にどのような考え方、生き方をすればよいのか。

闘病中に上司が持ってきてくれた『生命の実相』（日本教文社）の中で、次のような文章と出合った。

共通的生命の歓喜のために働け（同著　第七巻一六六頁～一六七頁）

『諸君よ、諸君がいかに手先を働かし肉体を労するとも、諸君の仕事が「愛」を持ってなされるのでない限りは、その仕事に真に「魂」がはいらないのである。「魂」のはいらない仕事には、どこかに隙が出来る。一見したところいかによく似たようにそれができていようとも、機械的に頭や手足を働かせてできた製品は、とうてい「魂」の籠もった仕事とは比べものにはならないのである。古代の日本人は「魂の人間」であって、利害で働く人間ではなかった。彼は何よりも魂を尊ぶ人間であった。何事を愛するにも「魂の愛」のゆえにそれらを愛したのであった。されば書を書いては書道となり、花を活けては華道となり、茶を淹れては茶道となった。医者は病める者を見ては利益を絶して救うことを喜びとしていた。それゆえに医は仁術であり、医道であった。刀工が刀を鍛えても、値段をもって売るために鍛えたのではなかった。

彼は焼刃にあらわれる「魂の匂い」を愛するために三尺の秋水を鍛えたのであった。名工の打った日本刀はただ見るだけでもわれわれの魂が清まるのである。それは、実にその仕事に生命が籠められているからである。

昔の築城師が城を築くのは今の建築家が家を造るの比ではなかった。彼は城を築けば、城の構図の秘密を知る唯一の人として生命を召されることを知りながら城を築いて、工事ができ上がると同時に従容として切腹したのであった。

これこそ文字通り命を懸けた仕事であった。

諸君よ、いやしくも諸君が仕事をなすならば、これら昔の日本人のようにその仕事に生命を懸けよ』

同『生命の実相』（第七巻一七六頁～一七八頁）

『利己的な行為をとってしまったあとで、彼は自己のために他人を犠牲にすることが歓びだと思ったことが、ただの「迷い」であったことに気が付く。「迷い」が覚める。彼は歓びのかわりに自分のした利己主義の愛なき行為を反省して魂の苦杯を飲む。

かくのごとくして、自分の利己的行ないによって、かえって自己の魂が苦しむ経験がたび重なるにつれて、人はもう利己的歓びが「迷い」である事を知り、かかる利己的歓びに惑わされまいと決心するにいたるのである。

しかし、われわれの魂が共通の生命に目覚め、内なる自他一体感（愛）から自然に行動が外にあらわれる場合には、なんらの無理もなしにわれらの「自他共通の歓び」であるところの行為がとれるのである。

われらはこの自他共通の歓び――自分が肉体的障壁を超えて他と一体になって生きた歓び――を忘れることはできないけれども、肉をもてる人は肉において弱く、ともすれば肉体的障壁に惑わされて利己的欲望をとげようとする衝動に駆られる。

これは、修業足らざる人類のある時代にとっては、またやむをえないであろう』

同『生命の実相』（第七巻一七八頁～一七九頁）

『この「共通の歓び」となるべき仕事をわれらがなし遂げた時、それがどんなに小さな仕事であってもわれらは魂の奥底に共通的生命（普遍的生命、至上の神、全人類の生命）から来る「よくしてくれた！」という感謝と賞讃との声を聞くのみである。常に共通的生命からこの感謝と賞讃との声を聞くものは幸いなるかな。無限の魂の平和―無限の共通的生命と調和する平和―はその人のものだからである』（以上抜粋）

人間の行動の源泉とは何かを考える時、私は、この二つの思想を離れて考えることはできない。

そして、最も人間らしく生きることとは、多くの人々との「共通的生命」のために自らが何をなすべきであるかを考えて、働くことであると思えた。

人は、自分が一番可愛いという。そのことを深く考えてゆけば、他の人も自分が一番可愛いと思っているのであり、全ての人が同じ結論を共有していることになる。

多くの人との調和と協力を得なければ、「自己実現」をすることはできない。

多くの人のために生きようとする時、「自己実現」への道が開かれる。

「自己実現の欲求」は即ち「共通的生命の歓喜のために働く」ということに帰結すると、この二つの思想が結びついていった。

私は、これからの人生を、人のために生きようと考えたし、人のために役に立つ人間になろうとすることが、「人間の行動の最終源泉」であると信じた。

その考えは、今も全く変わらず、私の中に厳然と存在している。

昔の日本人のように、私は、仕事に死に切ろうと思った。

自己実現への限りない願い

私は、生まれる意識もなく生まれた。

私の出生は、複雑だった故に、自らの生を祝福できない日々を送っていた。

数多くの体験の中で、何故私だけ苦しむのかと何度も思った。

しかし、人生を考える時、一番重要なことは、「人間は何のために生まれたのか」、「人生の目的とは何か」という根本的な問題が常に解決され、そこに立脚した行動がなされていない限り、目的を離れた手段や方法が目的化してしまって、人間は、不幸になってゆくことを体験的に知ってきた。

私は、五十八年間、私という人間を生きてきた。

しかし、

・人間不信から、人間讃歌へ。

・苦難の体験による恨みから、感謝の心へ。

・人生苦の人生観から、光ある人生讃歌へ。

・闘争の心から、調和の心へ。

私は、変化してきた。

しかし、私という人間は、五十八年間厳然として独りである。

変化する中に、変化しない自分という人間の存在。

性格的にかなり問題のありすぎた私が、問題のない円満な自分に憧れ、諦め、再び挑戦せんとする自分というものの存在。

それは、心理学者・マズローの言う欲求五段階で説く「自己実現の欲求」と一致する。

その「自己実現の欲求」に挑戦した時の感動と安らぎ。

自己実現のために、努力し困難に向かう人を、多くの人々は、讃嘆し感動をもって迎える。

それは、多くの人々が「自己実現の欲求」を共有しているからに他ならないと思う。

全ての人の心の中には、人それぞれの価値観に関係なく、「愛されたい」「認められたい」「誉められたい」「お役に立ちたい」、そして「自由でありたい」という「切なる五つの願い」があるという。

「自由でありたい」という願いは、「個性の絶対的権威」として全ての人々の心の中に存在し、その他の願いも、人間の本質と個性の本質を認められ、認めることにあるのだと思う。

「自己実現」の欲求は、無限に向上したいとする願いとして、個性豊かに、全ての人々に共有されているのだ。

このことは、「全ての人間は無限の可能性」を持っており、「努力したり」「学ぶこと」で自分の可能性を発見して、新しい自分を創り上げてゆけるということを示している。

「人間の五つの切なる願い」を自分のためにも、他の人々のためにも、生き切ることが、生まれた使命であり、それは、無限の対象へ広がりを持ち、真の愛として、家族愛、友情、企業愛、愛国心、人類愛などに展開されてゆくのだと思う。

人生の目的とは（『古事記』に学ぶ）

人生の目的について、私は数多くの書に学んだ。

私はその中で、二十七歳の時から三十年間、学び続けている日本最古の書『古事記』にその根拠を見出だした。古事記は単なる神話ではない。

日本民族が語り続けてきた「深淵な哲学の書」であり、日本民族が捉えた「宇宙観」、「生命観」、「人間観」であった。

私は今、私の信じている人生観・生活観を古事記を通して、書き記すことにした。

一、『古事記』の中で、まず「宇宙創造から、人間社会までの根本創造」の「理想世界を作る原理、原則」が述べられている。

①まず中心があるということ。

大宇宙から人間社会まで必ず中心がある。

理想世界を創造する時、何を中心とするか、誰を中心とするか、その中心を定めなければならない。

②「理想に向かう精神」とそれに応える「現象実現の力」が調和しているということ。

現実の力を無視して夢物語ではいけないこと。ただし、「理想に向かう精神」が常に充満し、現実の力を超えて先行していることが必要である。
③理想実現には諸問題が存在する。
しかし、それが活力の源泉となってゆくことを知ること。

理想実現のための困難や諸問題に、打ちのめされてはならない。

困難や諸問題が、真の創造のエネルギーへ変換していく源であることを知って生きること。

困難を越えてこそ、理想が実現してゆくことを知らなければならない。
④心に、確固たる、失われることのない理想実現の状況を心に描き、実現への意志を固め、揺るぎない信念にまで、高め上げなければならない。
二、次に「理想実現」の「具体的対策」として、
①理想実現の具体的な現実の目標を、作り上げること。
②その目標を実現できるための、必要なアイデア全ての方向性を決め、多くの人の智慧を結集し、創造し続けること。
全て結集された智慧が、新創造を生む力だということを知ること。

③組織の中心者を中心者として崇める精神と、中心者は全ての人を引き上げようとする精神が調和していること。節度をしっかり確立すること。

④組織の外部に向かって、逞しく発動してゆく力と、温かく柔らかく支える内部の力が調和していること。

⑤内にも外にも、自分にも他人にも、広い大きな心を持って生活し、家族的精神を持っていること。

⑥無限に、どのような姿になっても、どのような仕事も、喜んで受け切り働く組織作りをしてゆくこと。

⑦全てのことの中に潜む光を必ず見出だし、何と素晴らしいことかと讃嘆し合えること。

まず、このような考え方をそれぞれ人生の場で、どのように作り上げるか。「深く思考し、決意しそれが実現した時の、美しく楽しく明るく、生き甲斐のある世界を現実的理想世界として、心の中に作り上げることが最初にすべきことである」と古事記は述べている。

このような法則に従って、理想世界を作り上げるのも、心の世界・頭の中だけの世界では簡単に理想通りに完成する。

それを、いよいよ、人間一人一人が、主人公となって現実世界の中で、具体的に作り上げ、自分に創造の喜びを味わうようにすることが人間の使命だと述べられている。

まず理想世界とは「中心帰一の妙有世界」「陰陽秩序の整う世界」「無限創造の世界」「金剛不壊の世界」「遠心求心調和の世界」「無限包容の世界」「円満完全至美至妙の世界」という七つの世界が完成した世界ということが説かれていたのである。

このような世界を、現実の世界に映し出してみる仕業を、人間の理想であるお二方の命《みこと》にお願いすることになってゆく。

創造の神は、そのお二人の命をお呼びになって、「理想世界は、心の中では素晴らしく完成した。その世界を映し出す現象世界を創りたいと思う。あなた方は、この『宇宙一杯に満ちている真理』（正しい思想、哲学、原理原則、方法など）と『創造の法則』を自分のものとして、理想世界を現象世界に創り出してくれないでしょうか。どうだ、やってみてはくれまいか」とお願いになった。

それは、命令ではなくお願いになっているのである。

させられる仕事より、自主的にする仕事の方が、遙かに生き甲斐があることを知っていらっしゃったからだ。

お二人の命は、素晴らしい仕事を喜んでお引き受けになられた。

理想世界は、人間誰もが心に持っている世界である。

ここで、理想世界が実現する願いを、「是の漂える国を修理《つく》り固め成せ」という言葉でお願いになっているのである。

理想が実現していないことを「漂える」として表現しているのである。

「漂える国」の国を、会社・家庭・芸術・学問と置き換えれば、人生には、理想を求める限り全ての人や場で、課題や問題が発生する。

それぞれの分野で、理想実現のためにいろいろなことを試行錯誤して、その課題解決のための真理を学んだり発見したり、生み出して、それらの真理や方法を自らに修得し、それらを基にして、本来の理想世界に創り上げてゆく（固め成してゆく）ことこそ、人間の生きる目的であることが示されている。

そして、真理を自らが学び修めてゆくことが人の成長であり、その成長した人格が、より理想的世界を創造してゆく。

つまり、理想世界を人生に実現しようとする力が創造原理であり、この創造原理を通して、各々の人々が、個性豊かに、自らの人生を花開かせていくことが人間の使命だと、『古事記』の最初に書かれているのである。

私は、日本最古の書に書かれている内容に驚くと同時に、日本民族が、作者もなく、物語として語り続けた力に、恩恵と感謝の思いを新たにしたのであった。

理想世界実現のために生きることが、「人生の目的である」と信ずるに至ったのである。

終章　人格の完成に向けて

「第三回天の時」を迎えて

三十六年間の会社生活最後の日、株主総会へ向かう車の中で、私は左半身に痺れを感じ、「応急手当てでも」という社員の言葉で、都立府中病院へ。そのまま強制入院となった。

左半身運動麻痺の脳梗塞の診断であった。

昨日まで動いていた手足は、棒のように動かず、呆然として立ちすくむ自分を見つめていた。

これからの人生設計を考える時間もなく、企業の事業不振の全責任を取り退社を決意し、退社後第二の人生を考えようと思っていた矢先の発病であった。

ただひたすら企業のために、働く人々のために人生を捧げ生き続けた最後が、このような結末かと思うと、やるせなさと無念さと多くの人々への申しわけなさで、私は一人で咽《むせ》び泣いた。

しかし、私には停滞することは許されなかった。

人として与えられた自分の人生を生きるために、辛い苦しいリハビリに立ち向かわねばならなかった。

それから一年半。私は自分の足で歩くことができるようになった。

左手の方は充分とは言えないが、時間をかけて回復できるよう努力をし続けようと思っている。

一年半の歳月は、苦悩と反省の日々であった。

しかし、心の底に「人生には無駄なものはひとつもない！」「人生の全ての出来事は取り方によっては　全て教訓的なものばかりである！」という言葉が私に迫ってくる。

私は、来し方の五十八年間を振り返った。

恥ずかしき、申しわけなきことばかりのような気がするが、私なりに真剣に生きた日々も数多くあったという思いが、浮かんでは消えた。

そこで得た数々の教訓が、何らかの形で世の中に役立つことがないだろうか。

自分の体験で、若き時より学んだ多くの思想、哲学をもって世の中の人に少しでも役立つことができないだろうか。

一介の企業人として、また一人の人間として天国も地獄も味わった者として、私は自分という存在をもって、人生というものを訴えることができないか。

そのような思いが、リハビリ中も朝な夕なに自分に迫ってきた。

それが、この書を書こうとする私の決意となった。

私は躊躇した。思い上がっているのではないかと自問自答を繰り返した。

しかし、脳梗塞を発病、苦しいリハビリをしてゆく中で、真剣に生きている多くの人々を知った。

幼き子供が、また長い年月を不自由な身体で、明るく真剣に生きている人々を知った。

私は、幸いにも軽い症状で、歩くことも話す力も失わなかった。

そんな自分が、恥ずかしさや気遅れを起こしてどうするのか！

自分の弱い心を鞭打つ、もう一人の自分が存在していた。

私は、書き続けながら、いつしか自分の「体験的人生論」を書こうとしていた。

そして、「あなたへの応援歌―人生・三度の生まれ変わり―」というタイトルが浮かんだ。

「愛するということ」「働くということ」など、人生の全ての事柄が、人生をいかに生きるかのテーマに直結することであり、二十世紀に忘れられた多くの「人間学」「全ての人を生かす」ということについて、もう一度考える時を与えられた気がする。

一介のサラリーマンが、経営者に昇りつめ、昇りつめた結果、その責任を取らねばならなかったこと。

しかし、人生はそれで終わりではないこと。人間は生ある限り、生き続けねばならないということ。生きる決意の中に、新たな挑戦の道が開けるということ。

私は今、「第三回天の時」を迎えた。

自分の人生を見つめ直し、真に価値あるものを心に確立し、生まれ変わった新しい私としての人格の完成へ向けた道を歩み始めた。

私の「生命の甦り」をこの一年半で感ずることができた。

私は、今、新たな仕事と新分野への挑戦の意欲も得て、再起への道を歩き始めている。

その道が、どんな茨の道であろうとも、私は自分の全生命をもって、世の中の人のために役立てることを決意した。

私の「体験的人生論」が、私の「第三回天の時の出発である」ことを感ずる。

（平成十六年春）

参考文献

・『人は何によって輝くのか』（ＰＨＰ研究所）
・『心が動く』（荘道社）
・『回生を生きる』（三輪書房）
・『暮らしのハンドブック』（グループ・ピアズ）
・『生命の実相』（日本教文社）
・『大失敗からのビジネス学』（角川書店）

著者プロフィール
長山 弘（ながやま ひろし）
昭和20年3月2日生まれ。佐賀県出身。
昭和42年3月、中央大学法学部卒。
(株)ハネックス　代表取締役副会長、他グループ会社数社の代表取締役を歴任し、いずれも平成14年6月退任。
現在、(株)中信コーポレーション　代表取締役会長。
（〒487-0024 愛知県春日井市大留町5丁目17番地の7）
E-mail:chushin-nagayama@ma.ccnw.ne.jp
http://www.ma.ccnw.ne.jp/chushin

現住所　〒507-0826 岐阜県多治見市脇之島町5丁目26番地の5

あなたへの応援歌 人生・三度の生まれ変わり

2004年4月15日　初版第1刷発行

著　者　長山　弘
発行者　瓜谷 綱延
発行所　株式会社文芸社
〒160-0022 東京都新宿区新宿1－10－1
電話 03-5369-3060（編集）
03-5369-2299（販売）

印刷所　図書印刷株式会社

ISBN4-8355-7215-7 C0095